Quelques cerises sur mon gâteau…

Du même auteur

La Vie à l'envers, Michel Lafon, 1987
Cricri, Anne Carrière, 2004
Mamie a eu quinze ans, Anne Carrière, 2006
Chanteuses ou coiffeuses ?, Anne Carrière, 2007
Le Mas des dames, Anne Carrière, 2009

Alice Dona

Quelques cerises sur mon gâteau…

Souvenirs

Flammarion

ISBN : 978-2-0812-3729-2

À Annie G.
et à Antoine, mon père.

« *On a tous des rêves fous*
Et d'étranges rendez-vous. »

(extrait de « Partir » – single Alice Dona 1987 –
P.A. Dousset/A. Dona)

Prologue

Pourquoi moi ?

S'il me fallait aujourd'hui effectuer un bilan de ces quelques belles rencontres que je vais vous raconter, car j'ai eu le bonheur d'en faire bien d'autres depuis, avec des gens célèbres ou de parfaits inconnus, trois mots me viendraient à l'esprit : l'absence, l'amitié et le manque.

L'absence d'abord de ceux, fort heureusement toujours en vie, qui ont continué leur chemin sans moi. Simplement parce qu'au bout du compte nos routes n'allaient pas forcément dans la même direction et qu'elles se sont juste joliment croisées.

L'amitié, et l'amour parfois, de ceux qui répondent toujours présents depuis notre rencontre, si éloignée soit-elle dans le temps, et malgré les bonnes ou mauvaises périodes traversées ensemble. Les fidèles parmi les fidèles.

Le manque, lui, est plus lourd à porter que la simple absence. Présent au quotidien, au moment où on s'y attend le moins, il est plus sournois parce que définitif. Il vous titille les souvenirs, vous fait resurgir des images figées dans le passé. Des images qui vous empêchent parfois d'avancer parce que trop belles, trop fortes, ou trop tristes et synonymes de regrets.

Mes « manques à moi » m'obligent, encore aujourd'hui, à me poser les mêmes questions, assez égoïstes j'y consens, mais le plus souvent légitimes.

Pourquoi moi ? Ce n'est pas de la fausse modestie, mais une simple question.

Pourquoi m'avoir fait tant de cadeaux que je n'attendais pas si c'était pour me les reprendre parfois sans m'avoir laissé le temps de les apprécier ? Bien sûr que la plupart de ces rencontres n'auraient jamais eu lieu si la musique n'avait pas fait partie intégrante de ma vie. Mais quand même !

Est-ce le diable qui a mis sur ma route Théo Sarapo, Jean Seberg ou Romy Schneider, autant de belles personnes au destin si tragique ?

Est-ce la déesse de la musique qui m'a offert l'amitié de Bécaud, Brassens, Girardot ou Barbara ?

Pourquoi la majorité d'entre eux nous ont-ils quittés ?

Force est de constater, comme le disait à propos Brassens, que le temps ne fait rien à l'affaire. Mais quand même !

Au regard des noms familiers qui vont s'étaler au fil de ces pages, seul celui de Mireille, partie après quatre-vingt-dix ans de « bons et loyaux services », n'évoque pas chez moi de tristesse infinie. Juste un peu de cette nostalgie qui reste intimement liée à l'époque insouciante et légère de ma jeunesse et de mes débuts dans la chanson.

Mais le simple fait de constater que treize des vingt-trois noms qui figurent au générique de ce livre ont disparu, souvent prématurément, me donne des frissons dans le dos.

Aurais-je eu la faiblesse de considérer que mes plus beaux souvenirs ne seraient liés qu'à ces êtres en particulier plutôt qu'à d'autres encore bien vivants aujourd'hui ?

Bien évidemment, puisqu'on ne leur a pas laissé le temps de me décevoir et que la mort a une fâcheuse tendance à ne laisser dans notre mémoire que les meilleurs moments passés avec nos chers disparus. Mais quand même !

Je crois surtout que cette volonté de transmettre encore et toujours les beaux moments vécus ne me quittera que lorsque je quitterai moi-même ce monde.

Il ne s'agit pas d'une simple envie de raconter, mais plutôt d'une nécessité pour que ceux qui restent ou ceux de la génération à venir puissent trouver, à leur tour, ces quelques cailloux qu'on a bien voulu semer sur mon chemin pour que je ne me perde pas trop en route.

Je laisse le soin au lecteur d'en ramasser quelques-uns pour les jeter ou les semer à son tour là où bon lui semblera. Le gâteau était gros et délicieux, mais une bonne fée a jugé bon de l'agrémenter de quelques cerises.

Bon appétit !

1961 – Je n'ai pas encore la notion de ce que peut-être une « belle rencontre », si ce n'est celle que j'ai faite il y a quinze ans avec la vie.

Ma Vie… avec un grand *V*. Au sein d'une famille à l'enthousiasme génétiquement non modifiable malgré les embûches. Même l'arrivée inopinée d'une petite sœur trisomique n'a pas semblé altérer le bonheur ambiant. Enfin c'est ainsi que, du haut de mes 9 ans, j'ai perçu Cricri lorsqu'elle a débarqué chez nous. Une boule de tendresse, d'amour et de sourires. Une différence qui se conjugue en musique, puisque cette dernière est omniprésente dans notre quotidien.

Il y a Papa Antoine, dit Tony, mécanicien automobile de profession, bricoleur hors pair, cinéaste amateur et gratteur de guitare ou de mandoline à ses moments perdus.

Maman Raymonde, dite Monmonde, secrétaire comptable à plein temps du garage paternel, qui aime aussi tapoter sur les touches de son bel accordéon rouge.

Quant à moi, j'ai très tôt appris à pianoter et je chantonne tout le temps. Très juste et en mesure, paraît-il, depuis que j'ai 3 ans. Mais à 15 ans, mon rêve le plus fou serait de faire comme Bécaud, quand je serai plus grande. En attendant de le réaliser, je ne manque aucune des émissions mensuelles du « Petit Conservatoire de la chanson » de Mireille à la télé et je chante souvent le dimanche après-midi avec mes trois copines de classe, dans les fêtes locales.

Comme je travaille assez bien à l'école, hormis le Châtelet où mes parents m'emmènent souvent voir les opérettes, mon père et ma mère m'ont offert le privilège de décider moi-même de nos deux prochaines sorties parisiennes.

Pour la première j'ai choisi le Cinépanorama Le Gaumont de la place Clichy où l'on projette le film musical qui fait fureur en ce moment aux États-Unis : *West Side Story*. J'en suis sortie bouleversée et folle amoureuse de Georges Chakiris dans son rôle de Bernardo, avec l'envie furieuse d'apprendre, moi aussi, à chanter, danser et jouer la comédie en même temps. Mon rêve américain à moi. Après que mes parents m'ont offert le disque du film, j'ai relevé en phonétique toutes les paroles anglaises des chansons dans mon cahier à spirales pour les apprendre par cœur. Juste pour le plaisir.

Pour la seconde, j'ai opté dès sa sortie pour le nouveau film de Vittorio de Sica : *La Ciociara* avec une actrice que j'admire infiniment, Sophia Loren, qui n'a pas hésité à s'enlaidir pour ce beau rôle. Cette fois, j'y suis allée de ma larme.

Comment imaginer alors que, bien des années plus tard, après que je suis devenue chanteuse, je me retrouverai à faire un brushing à Georges Chakiris dans une loge d'un plateau télé parce que son coiffeur est en retard et que je me débrouille pas trop mal avec les cheveux des autres ? Comment croire que je serai amenée un jour à cuisiner des spaghettis avec Sophia Loren, et que ces deux stars de renommée mondiale seront assises, par le plus grand des hasards, l'une et l'autre au premier rang d'orchestre de l'Olympia pour venir m'y applaudir quand je me produirai en vedette dans le célèbre music-hall de la rive droite ?

Mais pour le moment j'ai 15 ans et mes parents ont bien compris que chanter est devenu une évidence pour moi. C'est donc volontiers qu'ils ont accepté que je postule pour passer une audition d'entrée au « Petit Conservatoire » de Mireille.

1

Mireille

Déjà, à la télé, elle me fichait la trouille ! Mais me trouver en face d'elle aujourd'hui m'impressionne encore plus.

Je sais, par mes parents qui l'admirent, que Mireille fait partie des rares femmes compositeurs qui chantent en s'accompagnant au piano. Certains des succès qu'elle a composés avec Jean Nohain ont été interprétés par les plus grands, de Jean Sablon à Yves Montand, en passant par Maurice Chevalier ou Charles Trenet. D'autre part, son mariage avec le célèbre écrivain philosophe Emmanuel Berl lui a permis de côtoyer des personnalités de haut niveau comme Cocteau, Camus, Sartre, Malraux et Sacha Guitry aussi. C'est même ce dernier qui lui a soufflé l'idée de créer son « Petit Conservatoire ».

Aux dires de ceux qui la connaissent bien, j'ai en face de moi « une grande dame de la chanson » que tous respectent et appellent Madame, surtout depuis que la télé retransmet régulièrement sa classe en direct, et dont je n'ai pas loupé une seule diffusion.

En y regardant de plus près, je la trouve personnellement assez insignifiante et encore plus petite en vrai qu'à la télé, avec son mètre cinquante, sa mise en plis toujours impeccable, cet air revêche et cette voix haut perché qui agace tant quand elle remet en place les élèves avec une autorité qui n'appelle pas de rébellion.

— Quel âge avez-vous, mademoiselle ?

— Je viens d'avoir 15 ans, madame.

Je sais bien que la moyenne d'âge des élèves oscille entre 18 et 25 ans, mais je me suis toujours refusé à tricher sur le mien malgré ce mètre soixante-dix qui me suit depuis mes 11 ans et m'a souvent fait paraître plus mûre que je ne l'étais.

— Je vous écoute, petite… Donadel, c'est bien ça ?

Oui, c'est bien ça, madame, mais pour moi qu'on appelle souvent « ma grande » à la maison, je ne trouve pas ce « petite Donadel » très gratifiant. Enfin… au diable l'orgueil !

J'ai prévu de chanter un titre de Ray Charles, adapté en français, *Alléluia et il m'aime aussi* en m'accompagnant moi-même au piano et, ô surprise, ce qui n'arrive jamais à la télévision m'arrive à moi aujourd'hui : Mireille m'a laissée chanter ma chanson sans m'interrompre. J'ai même droit à une ovation de la part des élèves.

— Bravo mademoiselle ! Bienvenue au « Petit Conservatoire » !

Une petite phrase, apparemment banale, mais qui va bouleverser toute ma vie.

En ce jour béni, j'ignore encore qu'il me faudra attendre six longs mois sur les bancs du « P'tit Cons' » avant d'avoir l'honneur que Madame s'intéresse enfin à moi et de connaître le trac que me procurera le plaisir suprême de passer enfin à la télévision. Le temps aussi, pour la petite Donadel, de comprendre que Mireille attend de sa nouvelle élève autre chose que des reprises de ce qu'on entend alors en radio, surtout si la petite Donadel veut faire un peu Bécaud quand elle sera grande…

Le temps aussi d'apprendre à mieux connaître cette Madame Mireille qui sait si bien faire semblant d'avoir mauvais caractère et qui, au fil des années, va me témoigner jusqu'au bout sa plus tendre affection ; celle qui, avec son regard essentiel plutôt que l'envie de jouer au professeur, aura su déceler, le temps d'une chanson de Ray Charles, ce petit plus qui fait que je vais me mettre sérieusement au travail pour composer des chansons, moi aussi, comme Bécaud, mon idole...

Et comme Mireille, ma première belle rencontre !

2

Théo Sarapo

Novembre 1962

C'est la cohue dans le hall des studios Pathé-Marconi de Boulogne-Billancourt. Tout ça à cause d'une petite annonce passée dans *Cinémonde* et qui disait : « Toi aussi tu peux devenir une idole ! Viens auditionner chez Pathé-Marconi, pour enregistrer ton premier disque PAT ! »

Bien que notre chère Mireille m'ait gentiment fait savoir qu'elle était résolument contre ce genre d'opération qu'elle qualifie de racoleuse, c'est avec la bénédiction de mes parents que j'ai décidé de m'inscrire pour tenter ma chance.

Et me voici installée, convocation en main, avec une bonne centaine d'autres teenagers, attendant l'annonce de mon nom du côté du studio A, situé pile en face de moi. Tandis que tous les regards sont tournés vers ce dernier, c'est la porte du studio B qui s'ouvre à l'opposé pour laisser le passage à un fauteuil roulant poussé par un grand et beau jeune homme brun que je reconnais immédiatement pour l'avoir beaucoup vu ces temps-ci en couverture des magazines : Théo Sarapo.

Contrairement à la majorité des gens, je n'éprouve aucune gêne à croiser le regard d'une personne en fauteuil. Une réaction certainement due au fait que je côtoie moi-même le handicap au quotidien avec ma petite sœur. Mais ce jour-là, allez savoir pourquoi, mon cœur se met à palpiter comme un fou et le besoin de voir la « dame du fauteuil » devient plus fort que tout. Alors, instinctivement, mon regard s'abaisse sur la personne que l'élégant garçon guide discrètement vers la sortie en essayant de se frayer tant bien que mal un chemin parmi ceux ou celles qui se rêvent déjà en tête du prochain hit-parade de *Salut les copains*.

Je n'en crois pas mes yeux ! Oui, c'est elle, il n'y a aucun doute, c'est bien elle derrière ses lunettes sombres, cette « chose » minuscule recroquevillée dans le fauteuil et toute emmitouflée dans un châle sombre : la grande, l'immense, Édith Piaf !

J'ai à peine le temps de la reconnaître que l'homme et la dame du fauteuil ont déjà franchi le seuil du hall. En observant autour de moi tous les regards avides de célébrité toujours rivés sur la porte du studio A, j'ai le sentiment étrange d'être la seule à avoir assisté à cette apparition magique. De l'autre côté de la baie vitrée, j'aperçois encore Théo qui soulève le plus aisément du monde la grande dame dans ses bras pendant que le chauffeur range le fauteuil dans le coffre. Tous trois vont s'engouffrer dans la grosse voiture noire aux vitres fumées stationnée juste devant les studios avant que celle-ci s'éloigne, comme un rêve qui s'effacerait pour me ramener à la réalité.

Miraculeusement, j'en ai oublié mon trac, convaincue que cette vision, même fugitive, le jour de mon audition, est un signe du destin qui va me porter bonheur.

Effet du hasard ou heureuse coïncidence ? En tout cas, c'est ce jour-là que je vais réussir brillamment mon audition et être retenue – sur les 200 candidats qui se sont présentés – avec trois autres jeunes chanteurs (Chantal May, Évelyne Nat et Bob Asklof) pour faire partie de la première vague de quatre des disques PAT. (Dans la seconde, qui sortira six mois plus tard, on pourra noter la présence d'un garçon de 16 ans nommé Michel Berger et dans la troisième une certaine Véronique Sanson.)

L'enjeu est de taille : si nous vendons plus de 5 000 exemplaires des deux titres du 45 tours de lancement, nous aurons droit à un contrat d'engagement de cinq ans avec Pathé, ce qui nous permettra d'enregistrer notre premier « super 45 tours » avec quatre chansons.

C'est la première et la dernière fois que j'ai vu Édith Piaf « en vrai » et mon grand regret restera de n'avoir jamais eu la chance de pouvoir l'applaudir sur scène. Je vais apprendre par la suite que ce jour-là elle a enregistré en duo avec son jeune mari *À quoi ça sert l'amour*. Un disque qui, à peine sorti, connaîtra un succès retentissant.

Quant à Théo Sarapo, je suis alors à mille lieues d'imaginer que nous allons nous croiser à nouveau, lui et moi, trois ans et demi plus tard, toujours grâce à la musique, et devenir les meilleurs amis du monde.

1966 – Antibes/Juan les Pins

Une douzaine de chanteurs, étiquetés « traditionnels » ou « idoles des yé-yé » selon les styles – dont je fais partie –, ont été sélectionnés pour participer au prestigieux Festival annuel de la Rose d'or. C'est ainsi que je me retrouve aux côtés de Dario Moreno, Valérie Lagrange, Michel Polnareff – qui n'arbore pas encore ses célèbres lunettes blanches –, Rachel – une ancienne, comme moi, du « Petit Conservatoire » de Mireille –, le duo Line et Willy, entre autres... et Théo Sarapo, qui vient d'amorcer un début de carrière en solo, après l'immense succès de son duo avec Édith Piaf, et la triste disparition de celle-ci trois ans auparavant.

C'est au cours des répétitions que je fais connaissance avec Théo qui, par le plus grand des hasards, est venu s'installer près de moi dans la pinède pour assister aux répétitions de nos camarades, en attendant lui aussi son tour. Après nous être mutuellement présentés, je me permets d'évoquer l'épisode mémorable de mon audition chez Pathé et son passage éclair dans le hall avec Piaf dans le fauteuil roulant, ce qui ne manque pas de réveiller en lui une certaine émotion et nous rapproche instantanément.

Au bout d'une heure de papotages, de commérages aussi sur les prestations des collègues qui défilent sur scène et que nous ne manquons pas d'égratigner au passage avec le même humour qui, sans être jamais méchant, est assez corrosif, nous nous découvrons aussi des goûts communs en matière de chanson.

Comme moi, Théo est fou d'admiration pour Bécaud et Aznavour. Rapidement, nous nous amusons à nous coller mutuellement avec des extraits de chansons de nos deux modèles. Quelques photographes, qui pensent avoir détecté chez nous une complicité évidente, nous proposent d'aller poser ensemble sur la plage toute proche. C'est ainsi que je me retrouve immortalisée sur pellicule, quelques minutes plus tard, portée dans les vagues par les bras musclés de Théo, entre deux crises de fou rire.

Nous passerons vite sur le festival où j'arrive en troisième position, quelques places devant Théo : c'est Michel Polnareff, avec sa chanson *Love me please love me* qui sort vainqueur de la mêlée et va marquer de son empreinte vocale si particulière et de son immense talent de compositeur la décennie à venir. Bien entendu, Théo et moi trouvons cette victoire parfaitement injustifiée après avoir constaté bien des similitudes entre la chanson de Polnareff et le célèbre *Georgia on my mind* de Ray Charles, avec tout notre humour malveillant.

Loin d'être déçus par notre passage à Antibes, nous décidons surtout de ne pas nous perdre de vue, trop heureux l'un et l'autre de cette jolie rencontre. C'est ainsi que nous aurons maintes fois l'occasion de nous croiser à nouveau dans les locaux de notre maison de disques commune, Pathé Marconi.

Mais c'est en juillet 1967 que nous prendrons le temps de faire plus ample connaissance, sous le signe d'un autre festival de la chanson française, à Knokke-le-Zoute, en Belgique.

Trois jours mémorables que nous allons passer dans l'euphorie la plus totale, nous découvrant une complémentarité sans cesse confirmée dans nos caractères. Lui, l'introverti, le timide, le discret, toujours stressé. Moi, l'extravertie, la meneuse, résolument optimiste de nature.

Encore une fois, nous perdons le concours en finale mais toujours dans la bonne humeur, au point de faire scandale lors du dîner de clôture en improvisant une fête avec deux des autres perdants, échappant au contrôle des organisateurs assis à la grande table des gagnants dont les visages s'assombrissent à mesure que nos rires retentissent de plus belle à l'autre bout du restaurant.

Des perdants joyeux, on n'a jamais vu ça en Belgique, ni ailleurs sans doute ! Et parce que Théo nous donne l'impression de n'être heureux qu'en notre présence, nous avons d'autant plus envie de lui offrir notre amitié et notre chaleur. Comme un besoin spontané de le protéger. Fermé à ceux qu'il ne sent pas, c'est en toute confiance qu'il s'abandonne à ceux qu'il aime et j'aurai bientôt le bonheur et le privilège de faire partie de cette dernière catégorie.

Ce qui m'impressionne le plus durant ces quelques jours, c'est le nombre incalculable de pilules de toutes couleurs ou de toutes formes qu'il ingurgite à longueur de journées : les unes pour susciter l'appétit, les autres pour maintenir ou diminuer le tonus ; d'autres encore pour maigrir, dormir, se réveiller… que sais-je encore ? Et ce grand homme costaud, au sourire désarmant, en bon hypocondriaque qu'il est devenu, certainement au contact d'Édith Piaf, avale cette pharmacopée dans la plus grande sérénité.

À l'occasion des centaines de kilomètres que nous aurons ensuite le bonheur de parcourir ensemble en nous rendant à des galas communs, je vais également remarquer que Théo ne manquera jamais de prendre sa dose de petites pilules avant de monter dans sa Mercedes. Il m'avouera éprouver une peur maladive pour les trajets en voiture.

Peut-être le fait de ne pas savoir conduire ? Ou une angoisse prémonitoire ?

Il m'apparaît alors impossible qu'on puisse ne pas aimer Théo, mais il semble que ce soit pourtant devenu le cas d'un grand nombre de soi-disant amis jadis de la grande Édith, qui se sont montrés sous ce mauvais jour envers lui dès que celle-ci fut enterrée. Volatilisés les pique-assiette, circulez, y a plus rien à manger !

Bien sûr, Théo a hérité de beaucoup de choses après la mort de son épouse, mais cinq ans plus tard, il n'en continue pas moins de rembourser les énormes dettes que celle-ci a contractées auparavant, que ce soit auprès du fisc ou avec ses producteurs soudainement pressés de réclamer leurs avances depuis sa disparition.

Il a consenti à vendre tous les meubles du grand salon, mais se refuse à brader tout ce qui était cher à Édith, à savoir ses livres, vêtements, bibelots et photos souvenir qu'il a regroupés dans le salon-bibliothèque du boulevard Lannes.

Alors, pour compenser, Théo chante partout, là où on lui demande de le faire, et donne tout son temps et son argent pour rembourser et payer, encore et encore. Je me rappelle avoir vu des huissiers à sa sortie de scène pour saisir *ipso facto* l'intégralité de son cachet.

Parce qu'il n'a pas souhaité que cela se sache, les journaux n'en parlent pas et souvent Théo paye de sa personne, au prix de graves dépressions, le droit de continuer de résider dans le célèbre appartement du 67 boulevard Lannes. Mais parallèlement, il a à cœur de maintenir dans ce lieu magique la tradition des soirées conviviales, comme au temps d'Édith, ce qui ne va pas forcément de pair avec ses difficultés financières.

*

La première fois que je franchis le seuil du rez-de-chaussée du boulevard Lannes, un curieux frisson me parcourt l'échine. Une sensation que je vais retrouver à chacune de mes visites à Théo, comme si « la grande dame » hantait encore les lieux.

Quelle n'est pas mon émotion, en pénétrant dans l'immense salon de musique où se sont déroulées jadis les mémorables soirées d'Édith avec ses amis chanteurs, auteurs et compositeurs : soixante-dix mètres carrés vidés de tous meubles, à l'exception d'un grand piano à queue noir, celui-là même sur lequel Marguerite Monnot a composé les plus belles mélodies de « la môme Piaf », peut-être même celui sur lequel Charles Dumont a égrené timidement les premières notes de *Non je ne regrette rien*...

Témoin de ma fascination et de mon étonnement, Théo devance ma question.

— Tu sais, c'était comme ça avant, il y avait tellement de monde tous les soirs, chacun s'asseyait sur des coussins, un peu partout à même le sol et Édith chantait... chantait... Il y avait quand même deux canapés, mais j'ai dû les vendre aussi...

M'asseoir devant le clavier de Marguerite m'est ce soir-là impossible, bien que l'ombre d'Édith quelque part m'y encourage : « Alors, qu'est-c'que t'attends ? Vas-y, chante-nous quelque chose ! »

Non, vraiment, c'est au-dessus de mes forces, j'ai soudain trop froid et tout est bien trop pesant, autour de nous.

Je le ferai, mais bien plus tard, après quelques petites « bouffes » entre copains dans la cuisine du boulevard Lannes et je jouerai enfin sur le piano de Marguerite *Oui je veux vivre*, une chanson que je viens de composer sur mesure pour Théo et qu'il va même enregistrer la semaine suivante.

Malheureusement, nous n'aurons droit qu'à quelques passages d'estime à la radio et à la télévision, rien de plus. Et même si Théo démontre un réel talent d'interprète, Sarapo sans Piaf n'intéresse désormais plus grand monde.

*

Notre amitié va se trouver renforcée grâce au partage d'une expérience singulière dont je ne dirai ici que peu de mots tant il me semble difficile de décrire l'ampleur de ses conséquences sans encourir l'ironie ou le scepticisme de la part de ceux qui liront ces lignes.

Ceci se déroule un soir, dans mon grenier de Taverny, après un dîner à la bonne franquette au cours duquel nous venons d'aborder, Théo, Christian son secrétaire chauffeur, mon mari Bernard et moi, des thèmes plus graves qu'à l'accoutumée, et de nous poser la question d'une vie éventuelle après la mort. Théo nous confie avoir souvent participé, avec Édith que cela passionnait, à des séances de spiritisme et que, depuis la mort de celle-ci, il a recours de temps à autre, tout naturellement, à cette pratique pour entrer en contact avec elle, et que ça marche !

Sur l'instant, cela m'apparaît comme insensé, et surtout impossible. Sous l'avalanche de *comment ?*, de *pourquoi ?*, de *qui parle ?*, de *mais qui te prouve que c'est elle ?*, Théo, plutôt que de se lancer dans des explications complexes, nous propose de venir dîner le surlendemain boulevard Lannes.

— Nous ferons une séance, et vous verrez bien !

48 heures plus tard, après un dîner expédié à la hâte dans la cuisine, Théo nous invite à passer au petit salon avec son secrétaire et deux de ses amis, puis à nous asseoir autour d'une grande table ronde en chêne massif et nous demande d'y poser à plat, délicatement, nos mains à même le bois, doigts écartés, de façon à ce que nos auriculaires se rejoignent entre eux.

Comme je m'étonne que la lumière du lampadaire reste allumée, Théo me répond sur un ton amusé :

— Mais Alice chérie, nous ne sommes pas dans un roman d'Agatha Christie. Il peut y avoir un peu de lumière, à moins que tu ne préfères un éclairage à la bougie ou l'obscurité totale pour mieux te faire peur !

Après avoir consulté mes voisins du regard, je hoche énergiquement la tête. Non, non, nous voulons tout voir ! C'est alors que Théo, les yeux fixés sur le centre de la table, instaure le silence avant de poser sa première question :

— Y a-t-il quelqu'un ?

Pas de réponse. Et d'abord, d'où viendrait-elle ?

— Y a-t-il quelqu'un qui veuille parler à l'un d'entre nous ?

On entendrait une mouche voler, mais toujours pas d'esprit en vue… enfin, façon de parler !

Théo insiste avec une patience résignée et une voix très douce. L'habitude, apparemment. Mais je trouve le temps très long, quand même ! Et me dis que ça ne marche peut-être pas à tous les coups…

— Y a-t-il quelqu'un ?

Manifestement, il n'y a personne !

Cinq minutes, puis cinq autres passent, interminables. Mais non, laisse tomber, Théo, il n'y a pas âme qui vive pour venir parler de l'au-delà à ces pauvres terriens que nous sommes !

Puis soudain, alors qu'à voix basse je commence à ironiser bêtement, la table bascule littéralement vers Bernard, mon mari, nous obligeant à nous lever pour suivre le mouvement.

Puis elle retombe lourdement sur ses quatre pieds et se met à frapper le sol tandis que Théo nous donne les codes : un coup pour oui, deux pour non ; un coup pour A, deux coups pour B, trois pour C et ainsi de suite… La table répond avec une rapidité et une précision étonnante aux questions de Théo, cependant que nous scandons ensemble les lettres de l'alphabet et prenons soin de consigner sur un bloc-notes le message de ces visiteurs invisibles venus d'ailleurs.

Je me surprends à jeter discrètement un coup d'œil sous la table pour voir si l'un d'entre nous ne triche pas en y allant d'un coup de genou pour faciliter le mouvement, mais ne constate aucune anomalie ni aucune position suspecte. Je décide donc de me laisser porter par les circonstances qui m'ont amenée à participer à cette expérience extraordinaire et cesse depuis de me poser des questions.

Hormis le fait que nous sommes censés avoir conversé avec l'esprit d'Édith Piaf – ce dont je douterai toujours malgré l'air convaincu de Théo –, je garderai pour moi ce qu'il s'est dit ce soir-là comme au cours des nuits qui suivront, eu égard à la mémoire de Théo à qui j'ai promis de garder secret à jamais le contenu de ces dialogues, pour le moins surréalistes, avec des êtres disparus.

Chacun est libre de croire ou non à ce genre de pratique, mais cela va devenir, au fil des jours, l'équivalent d'une drogue pour mon mari et moi. Tant et si bien que durant les quatre ans qui vont suivre nous n'aurons de cesse de poursuivre en commun notre quête d'ésotérisme, en nous isolant petit à petit du reste du monde, et de ce qui nous paraît désormais désuet et futile. Adieu les soirées show-biz où il faut, paraît-il, absolument se montrer ! Adieu aussi les vacances avec les pseudo-amis, dont le nombre augmente à mesure que ma notoriété fait de même !

Pour nous, une nouvelle vie va commencer en complète autarcie ! Une recherche qui, si elle doit enrichir considérablement notre façon de penser et de voir certaines choses, va nous permettre aussi de rencontrer de belles personnes, même si tout cela doit nous tenir complètement éloignés de la réalité et du quotidien, en restant centrés sur notre petit cercle de « frères et sœurs » que d'aucuns, bien des années plus tard, se plairont à appeler, à tort ou à raison, une secte. Une confrérie, plutôt, dont je me désolidariserai fort heureusement à temps, avec une folle envie de redescendre sur terre et de remettre les pieds dans le quotidien.

Avec le recul, je sais aujourd'hui qu'il eût été plus sage d'espacer ces moments d'introspection et de recherche sur un monde trop éloigné de celui dans lequel nous vivions déjà si difficilement. Bien que nous ayons eu à l'époque le sentiment que cette expérience ne pouvait que cimenter notre couple et le rendre plus fort, c'est au sortir de cette période que, paradoxalement, il a commencé à battre de l'aile. Jusqu'à finir par imploser.

Mais j'ai pleinement conscience aussi que ces quatre années en vase clos ont apporté à chacun de nous la plus belle leçon qui soit d'amour et d'humilité.

Taverny – 28 août 1970

Comme à l'accoutumée, durant le déjeuner, nous avons baissé le son du téléviseur pour que notre fille Raphaëlle, du haut de ses 3 ans et demi, se concentre mieux sur son assiette sans se dévisser la tête pour voir les images qui accompagnent les commentaires du journaliste. Si une info nous intéresse il sera toujours temps de monter le volume.

À ma grande surprise, c'est la photo de Théo qui apparaît sur l'écran, ce que je m'empresse de signaler immédiatement à mon mari. Croyant à une heureuse nouvelle concernant notre ami, Bernard s'empresse de rétablir le son et ce que nous entendons nous glace le sang. Théo vient d'avoir un terrible accident avec sa Mercedes sur la route de Limoges, tandis qu'il se rendait à la gare pour aller y chercher son neveu de retour de l'armée et à qui il voulait faire une surprise.

Il est décédé dans l'ambulance qui le menait à l'hôpital. Son chauffeur est gravement blessé mais ses jours ne sont pas en danger.

— Maman, pourquoi tu pleures ? me demande Raphaëlle.

Pourquoi je pleure ? Mais parce que ce tragique accident me rappelle que Théo a toujours appréhendé les trajets en voiture, ma chérie, et je comprends aujourd'hui seulement le pourquoi de ses angoisses puisque ce qu'il redoutait tant est arrivé.

Mais comment expliquer ce qui fait mal en dedans à une petite fille de 3 ans ? Raphaëlle me regarde, tout étonnée de voir rouler des larmes sur mes joues, tandis que Bernard s'est discrètement éclipsé dans la cuisine.

Le jour des obsèques, à l'église orthodoxe de la rue Freyssinet, les « amis d'Édith » ont refait surface et c'est à qui sera au premier rang près des parents de Théo et de sa sœur Christie, tandis que nous et quelques autres, les fidèles des années galère, sommes repoussés vers le fond de l'église par une horde de photographes qui se bousculent honteusement pour immortaliser sur pellicule les premières larmes des VIP présents, ce qui fera à coup sûr le bonheur des journaux à sensation.

Juste avant qu'on oublie Théo, une dernière fois.

Mais quelle importance ? Nous espérons simplement qu'il peut enfin dialoguer à nouveau avec sa petite dame en noir, et chanter avec elle : *Ça sert à ça, l'amour…*

Sarapo, en grec, veut dire : je t'aime.

Sarapo, Théo.

Parenthèse 1

De 1966 à 1967, c'est la pause pour la jeune future maman que je suis. Enfin, quand je dis pause, je vais quand même sillonner les routes avec ma petite auto et mon ventre rond pour présenter dans toutes les grandes villes de l'Hexagone la nouvelle poupée Tressy, une version à la française de la Barbie américaine. Excepté que la nôtre a les cheveux qui poussent, à condition de tirer fort dessus !

Quand je dis la nôtre, je fais allusion à mon compagnon de tournée, Michel Jazy, l'ex-champion du monde d'athlétisme des 2 000 et 3 000 mètres, qui est le parrain de Tressy, et à moi, la marraine dont le ventre pousse aussi !

Une autre pause : pour préparer la chambre de bébé dont mon mari a décidé que ce serait obligatoirement un garçon et qu'il s'appellerait Raphaël. Oui, je suis d'accord… mais si c'est une fille ?

Mais bébé va en décider autrement et c'est le jour de la Saint-Valentin, la fête des amoureux, que notre premier enfant voit le jour en 1967 : une petite fille qui ressemble à un ange. C'est peut-être pour cette raison que nous allons décider de garder le prénom choisi en y ajoutant deux ailes… enfin… deux l, et que nous appelons notre fille Raphaëlle !

Trois mois et demi plus tard, je suis invitée par Mireille, avec quelques anciens et nouveaux élèves du « P'tit Cons' », à embarquer sur le paquebot France *pour une croisière transatlantique qui va nous mener du Havre à Québec en remontant tout l'estuaire du Saint-Laurent. Un spectacle aura lieu sur le bateau, puis nous serons acheminés de Québec jusqu'à Montréal où nous nous produirons ensuite au pavillon français de l'Exposition universelle.*

Impossible de refuser autant de belles premières fois : voyager et chanter sur le France, *découvrir le Canada et y chanter aussi. C'est sur le mythique paquebot que je vais faire vraiment la connaissance de Claude Lemesle. Avant de nous perdre de vue durant quelques années pour mieux nous retrouver plus tard, nous écrirons au gré des flots dans un décor de rêve notre première chanson ensemble.*

Le retour à terre ne s'avère pas aussi idyllique. Ma fille est tombée malade à deux reprises durant mon absence et le changement de cap que j'ai pris avec des chansons plus élaborées et plus classiques de mon dernier disque ne semble pas avoir fait l'unanimité à sa sortie. C'est donc un peu déçue, mais sans aucun regret d'avoir lâché le style yé-yé qui ne me convenait plus que je décide qu'il est peut-être temps de me recentrer sur ma famille et mes amis. Après tout, je n'ai que 21 ans et tout l'avenir devant moi !

3

Pierre Delanoë

Mai 1968

— Tu devrais continuer en composant pour les autres...

Mais oui, mon cher mari, bien sûr ! *Yapuka* !

Après avoir participé, d'assez loin je l'avoue, à notre révolution parisienne et pris quelque distance par rapport à ce statut de chanteuse yé-yé qui commence à me peser, mon éditeur de mari pense que je suis capable d'écrire pour d'autres interprètes que moi, une idée qui me séduit d'autant plus que travailler à domicile me permettra de mieux assumer mon nouveau rôle de maman auprès de Raphaëlle qui a déjà dix-huit mois et que je n'ai pas trop vu grandir.

Avant même de m'y être essayée, j'avoue que l'idée de jouer les tailleurs sur mesure en me mettant au service des autres me plaît bien. Passer momentanément de l'autre côté du miroir et composer pour des artistes d'horizons musicaux et de styles différents du mien est un challenge qu'il me semble intéressant de relever. Banco !

C'est à cette époque que je prends aussi conscience qu'à chaque fois qu'une décision de changement survient, tant dans ma vie privée que professionnelle, d'autres portes vont – à condition de bien fermer derrière moi – miraculeusement s'ouvrir pour m'emmener sur des chemins encore inexplorés. Je décide donc d'accorder une pause à la chanteuse pour permettre à la mélodiste de donner libre cours à son inspiration.

Peut-être en signe d'encouragement, la chance me sourit très vite, grâce à Mai 68, sous la forme d'un chanteur nommé Gilles Dreu, rencontré lors de débats mouvementés sous la houlette de Christine Sèvres et de Jean Ferrat – présent lui aussi ce jour-là à Bobino pour cette réunion des « professionnels de la profession » dont les visages, pour la plupart, me sont parfaitement inconnus.

Je ne me sens pas encore très concernée par les problèmes évoqués et ne comprends pas grand-chose à ce qui se dit dans cette assemblée de militants que je trouve bien agités.

Moi, je m'intéresse plutôt à Gilles qui connaît alors un succès croissant avec son premier 45 tours, *Alouette Alouette*, une adaptation dont le texte français est signé Pierre Delanoë. Le chanteur me confie être à la recherche de nouveaux titres. Qu'à cela ne tienne, je suis compositeur maintenant ! Je pense aussitôt à une chanson restée dans mes tiroirs et qui irait bien au chanteur : *On revient toujours*, de style folk, écrite avec mon manager-parolier Robert Chabrier. Prenons donc rendez-vous, mon cher Gilles !

Aussitôt dit aussitôt fait ! Premier titre placé, première amorce de succès dans les mois qui vont suivre.

Mais je refuse de me laisser bercer par ces premiers balbutiements mélodiques et décide de me mettre en quête de nouveaux paroliers, car le style de Chacha (Robert Chabrier), mon auteur attitré, commence à faire un peu démodé à mon goût. Hormis ces considérations purement personnelles, ce dernier vient de s'installer définitivement en Auvergne. Pratique pour écrire à deux !

Je pense alors à Claude Lemesle que je n'ai pas revu depuis notre voyage avec Mireille à bord du paquebot *France* l'année passée, magnifique traversée au cours de laquelle nous avions écrit notre première chanson ensemble, *Si tu t'en vas un jour* – qui restera dans nos tiroirs quelques années, jusqu'à ce qu'un charmant chanteur, Joël Prévost, veuille bien l'enregistrer avant de retomber dans l'anonymat. Mais j'apprends que Claude est à l'armée.

Une idée folle traverse alors mon esprit. Vraiment folle… mais pourquoi pas ? Après tout, « qui ne tente rien ne fera pas de camping ! » Merci mon cher papa d'avoir glissé dans mes gènes ton humour à deux sous.

Mon exemple de toujours, mon modèle, mon maître en matière de chanson a toujours été Gilbert Bécaud. Son seul nom fait résonner en moi celui de l'un de ses auteurs, et non des moindres : Pierre Delanoë. Il faut donc que je rencontre absolument « Maître Pierre », l'incontournable et le plus célèbre « faiseur » de chansons du moment. Si cela s'avère impossible, il sera toujours temps de changer mon fusil d'épaule.

On dit qu'il y a des jours où mieux vaut rester couché, mais heureusement il y a ceux aussi où l'on se sent capable d'abattre des montagnes. C'est exactement ce que je ressens en cette matinée de juillet 1968. La veille au soir, mon mari m'a suggéré de montrer une de mes dernières compositions à Sylvie Vartan, en quête de nouveaux titres pour son prochain album. Mais pour ce faire, je préfère qu'il y ait un texte de qualité sur ma musique.

À peine émergée de mon sommeil, je n'ai qu'une idée en tête : trouver les coordonnées du grand Pierre. Annuaire, carnets d'adresses des amis, maisons d'édition, tout y passe. C'est finalement la SACEM qui consent à me communiquer son numéro de téléphone personnel en fin de matinée.

— Allô, bonjour madame, je souhaiterais parler à monsieur Delanoë, s'il vous plaît…

— De la part de qui ?

— Alice Dona…

— Bonjour mademoiselle…

— Euh non… madame…, pensai-je bon de rectifier, vu que je suis mariée depuis huit mois.

J'apprendrai plus tard que la tradition du théâtre veut qu'une artiste interprète, chanteuse ou comédienne, mariée ou non et quel que soit son âge, conservera toujours l'appellation de « Mademoiselle » !

— Ah oui, pardon, c'est l'habitude… je suis son épouse. Pierre est actuellement en pleine écriture à Deauville avec Gilbert, mais vous pouvez le joindre là-bas si vous voulez…

Oh le veinard ! Il est avec Bécaud !

— Euh… c'est-à-dire… je ne voudrais pas le déranger… c'est pour lui faire écouter une mélodie que j'aimerais proposer à Sylvie Vartan et comme il n'y a pas de texte j'ai pensé…

— Oh, il n'y a pas de problème. Vous pouvez même vous y rendre si ça vous dit, vu qu'il est sur place pour plusieurs jours. Il vous recevra sûrement. Je vous propose de le prévenir et je vous laisse son adresse là-bas, à tout hasard…

— … Je vous remercie beaucoup, madame, pour votre accueil, je suis vraiment désolée de vous avoir importunée… merci encore et pardon pour le dérangement…

C'est fou ce qu'on peut être affable et poli, à certains moments !

Quelque chose en moi me rappelle qu'il faut battre le fer pendant qu'il est encore chaud et qu'à certains moments mieux vaut éviter de trop réfléchir. Je prends donc la décision de partir immédiatement pour Deauville.

Juste le temps d'enregistrer ma musique sur une cassette pour la déposer dans la boîte aux lettres au cas où je trouverais porte close, de prévenir mon mari qui ne comprend pas bien ce besoin soudain de faire 200 kilomètres pour un rendez-vous que je n'aurai peut-être pas, que « mieux vaudrait peut-être téléphoner avant de prendre la route, tout cela n'est pas raisonnable ».

M'en fous, je n'ai jamais été raisonnable, j'y vais !

Il est vrai que je sens comme un vent de folie dans ma démarche mais rien ni personne ne pourra m'empêcher de faire ce que j'ai décidé ce jour-là et de foncer vers Deauville, confiante comme jamais je ne l'ai été.

À 14 h 30, je suis reçue dans la grande villa aux colombages apparents, située tout au bout de la longue plage normande, à la lisière de Villerville. Il fait un temps magnifique et l'air iodé de la marée descendante me donne des ailes. Je me présente tandis que Pierre Delanoë me tend la main.

— Enchantée de vous rencontrer, monsieur, je suis Alice Dona...

— Delanoë. Oui, je vous connais. Entrez.

Le ton est sec, cassant, et il n'a pas l'air enchanté, lui ! Pas commode, le bonhomme, me dis-je, au premier contact. Même pas une petite formule de politesse, juste pour rompre la glace. Bernard avait peut-être raison et je commence à me demander si j'ai bien fait d'oser me lancer dans ce voyage sans prévenir.

— Je sais qui vous êtes, Gilles Dreu m'a dit que vous lui aviez composé une chanson. Après le succès que nous avons eu avec *Alouette*, vous devriez en vendre pas mal dans la foulée. Ma femme m'a prévenu de votre éventuelle venue, mais je ne pensais pas vous voir débarquer si vite...

Moi non plus ! Ce qui m'amène à me confondre en excuses jusqu'à ce qu'il m'interrompe après quelques signes d'impatience.

— De toute façon je ne suis pas allé au golf avec Gilbert au cas où vous viendriez, alors j'ai tout mon temps car il en a bien pour l'après-midi. Installez-vous, le piano est par là.

J'aurais bien bu un petit verre d'eau ou un café pour faire un peu connaissance et se détendre le gilet, mais il semblerait que les minutes soient comptées par ici.

Un peu déçue de ne pas rencontrer mon idole en chair et en os, je me console en m'installant devant le grand piano à queue en bois clair verni, sur le tabouret de mon maître à chanter, effleurant de mes doigts le clavier sur lequel il a dû composer ses toutes dernières chansons. Je me dis que cela va me porter bonheur.

Tout en détaillant l'homme accoudé sur le piano face à moi, j'explique à Pierre Delanoë le pourquoi de ma venue, en ponctuant le tout d'un bref résumé de mon parcours professionnel et lui fais part de mon intention de présenter une chanson à Sylvie Vartan.

Je suis très impressionnée par le personnage.

Bronzé, la cinquantaine grisonnante, des yeux d'aigle d'un bleu incroyablement clair qui vous transpercent au premier regard. Un visage aux traits réguliers, une taille que j'estime à un petit mètre quatre-vingt, très élégant, sport-chic pourrait-on dire. La voix est délicieusement grave et le ton résolument ronchon, ce qui lui a déjà fait dans notre milieu cette réputation de « râleur professionnel » qui semble lui aller comme un gant. Mais on m'avait prévenue. Même pas peur ! Il en faut plus que ça pour m'effrayer en ce jour de grand courage !

Un « allez-y, faites moi écouter ça ! » très autoritaire m'oblige à y aller. Je chante mes trois couplets et trois refrains de « *la la la la* » en m'accompagnant un peu trop fort au piano sans être pour autant interrompue. Le syndrome Bécaud, peut-être ? La réaction ne se fait pas attendre.

— Bonne musique. Efficace. Vous avez une cassette ?

Ah bon ? Il ne compte donc pas faire le texte tout de suite ni discuter un peu du contenu de la future chanson ? Je suis un peu déçue car je n'ai encore jamais travaillé à distance avec un auteur mais pas question de faire la difficile dans ces circonstances.

Et bien sûr, monsieur, que j'ai une cassette et je suis même très contente de ne pas avoir eu à la glisser dans la boîte aux lettres pour cause d'absence.

Le rendez-vous surprise n'a pas duré plus de quinze minutes chrono. C'est en me réinstallant au volant de ma voiture que mes jambes commencent à flageoler et mon cœur à palpiter. Je prends seulement conscience d'avoir fait Paris-Deauville pour un quart d'heure avec celui qui a écrit, entre autres merveilles, *Et maintenant*, *Âge tendre et Têtes de bois*, *Nathalie*, *L'Orange*... Et dire que ce Delanoë-là vient d'accepter d'écrire un texte sur la musiquette d'une ex-chanteuse yé-yé !

Ma DS 19 gris métallisé n'en revient pas non plus et c'est sous la pluie qui s'est mise à tomber que je rejoue une version personnelle du Deauville-Paris d'*Un homme et une femme* en fredonnant « chabadabada, chabadabada » au rythme des essuie-glaces. Merci, cher Claude Lelouch, d'avoir permis que je trouve ce trajet de retour moins long.

Mon mari a du mal à avaler toute l'histoire lorsque je lui raconte le soir mon épopée normande, et je sens bien qu'il se demande si cette journée surréaliste n'aurait pas plutôt servi de prétexte à un rendez-vous galant. Vive les Napolitains et leur jalousie maladive !

Tant pis pour son imagination débordante. Aujourd'hui, je suis juste fière d'être enfin devenue une femme-compositeur !

*

Quinze jours interminables passent, étayant les suspicions de mon cher mari, avant que je ne reçoive des nouvelles de ma musique.

— Allô Alice Dona ? Bonjour. Delanoë.

Toujours aussi avare de paroles, me dis-je.

Au téléphone, la voix de Maître Pierre semble encore plus grave que dans le souvenir de notre rencontre. Il a écrit un texte qu'il trouve très beau – bonjour la modestie – et qu'il me lit d'emblée, après m'avoir informée l'avoir posté ce matin.

— Cela vous convient ?... Oui ?... Bien. Au revoir, tenez-moi au courant.

Clac ! Il a déjà raccroché.

Pas étonnant qu'à ce rythme-là il écrive plus de cent chansons par an, me dis-je. Mais à aucun moment il n'a fait allusion à ma jolie mélodie...

Au courrier du lendemain, le texte est dans la boîte. Sur l'enveloppe, une écriture fine et nerveuse, inclinée, à l'encre bleue d'un stylo-plume. Dedans, une feuille dactylographiée, pliée en quatre. Un titre : *C'est de l'eau, c'est du vent* et la mention « Paroles : Pierre Delanoë. » Trois couplets, trois refrains. Pas un mot manuscrit d'accompagnement. Bon, on fera sans !

Je m'installe illico au piano et commence à poser mes notes sur les mots que je découvre en les fredonnant. Mais je m'arrête à mi-chanson, continuant à lire tout haut le texte, magnifiquement écrit au demeurant, car il y a quelque chose qui cloche. Ce n'est pas du tout ce que j'attendais sur ma musique !

Au lieu de baigner dans un univers féminin, doux et romantique, comme aurait dû le lui inspirer la mélodie et l'éventuelle interprète, Sylvie Vartan, Pierre a choisi d'user de mots virils, forts, puissants, voire un peu amers.

Le choc est un peu dur à encaisser. Que faire ? Comment réagir dans ce genre de situation ? Il me paraît impensable, à peine la collaboration commencée, d'oser avouer à Delanoë que son texte ne me convient pas.

Dans un état de perplexité intense, je tente un nouvel essai en chantant ma mélodie sans le texte. J'aime vraiment cette musique. Essayons encore avec les paroles et peut-être que…

Mais non, décidément, le mariage des mots et des notes ne fonctionne pas. Cette fois je n'ai plus aucun doute. Je prends mon courage à deux mains et décide d'appeler l'auteur. Comme je le craignais, c'est lui-même qui décroche.

— Allô, monsieur Delanoë ? C'est Alice Dona…

— Alors ? Vous avez reçu le texte ? Ça vous plaît ? C'est bien, non ? Vous devez être contente !

— Euh oui… très contente… enfin… je trouve votre texte très beau mais…

— Mais quoi ?

Et voilà ! Comme je le craignais, le ton est nettement monté d'un cran, ce qui ne va pas me faciliter la tâche. Je tente, entre deux grommellements de la part de l'auteur, d'expliquer à ce dernier mon ressenti lorsque j'ai chanté ses mots sur ma musique. Manifestement celui-ci n'a pas l'air ravi, et semble très étonné de mon audace à lui refuser la première chanson que nous faisons ensemble.

— Mais vous ne vous rendez pas compte, chère Alice Dona, que j'en ai dix comme vous qui attendent au portillon ! Vous êtes incroyable, quand même ! Et si je peux vous donner un conseil : à l'avenir veillez à bien expliquer à vos collaborateurs ce que vous attendez d'eux. Apprenez à être plus précise afin que chacun ne travaille pas inutilement !

Les années passant, j'apprendrai à mieux connaître Pierre et à briser sa carapace à grand renfort d'humour, de sincérité et de tendresse. Avec lui il y aura les jours de déception où tenter de le convaincre de modifier quelques mots entraînera son refus systématique de changer ne serait-ce qu'une virgule ; mais il y aura aussi la bonne surprise des lendemains où il me rappellera en grommelant dans le téléphone pour me dire : « … Mmmm… bon… j'ai réfléchi… tu avais raison. Alors j'ai refait complètement le texte. De toute façon, ça ne me plaisait pas ! »

Pierre a toujours fait preuve d'une mauvaise foi étonnante. Mais en attendant de mieux connaître celui que je surnommerai plus tard affectueusement « Tonton Ronchon », je me sens plus que mal dans mes boots et n'en peux plus de me confondre en excuses, tout en essayant de lui donner les raisons profondes de mon refus. Que de vaines tentatives !

Ne sachant plus que dire ni quoi faire, je me risque à lui poser une dernière question :

— Est-ce que je peux quand même garder votre texte, monsieur ?

C'est tendre le bâton pour me faire battre et le retour ne se fait pas attendre :

— Oh gardez-le, votre texte, ma chère Alice Dona et faites-en ce que bon vous semble ! De toute façon dans une semaine je l'aurai oublié ! Mais je vous le répète : soyez plus exigeante dans votre travail ! Allez, je vous laisse, j'ai à faire. Bon courage !

Clac ! Il a raccroché.

Je vais rester un long moment prostrée devant le clavier du piano, les yeux rivés sur le titre de la chanson maudite : *C'est de l'eau, c'est du vent.* Paroles : Pierre Delanoë.

Plus je relis le texte, plus je demeure convaincue que ce voyage éclair Paris-Deauville-Paris n'a pas été vain et je décide de laisser la chanson bien en vue sur le pupitre du piano. Comme je passe devant chaque soir avant d'aller me coucher, je serai bien obligée d'y penser.

Seulement, je n'ai jamais composé de mélodie sur un texte… T'inquiète, ma petite Alice, tout vient à point à qui sait attendre, dit-on !

4
Sylvie Vartan

Après avoir raconté le soir à Bernard ma déconvenue téléphonique avec Pierre Delanoë, mon mari, bien que contrarié par l'audace de mon refus, me suggère de faire appel à l'auteur attitré d'Enrico Macias : Jacques Demarny, avec lequel il travaille parfois, pour lui confier ma musique fortuitement redevenue vierge de paroles. Dans le milieu de la chanson on surnomme Jacques « Le Colonel », à cause de sa moustache et de son côté autoritaire et vindicatif. Décidément !

En quelques jours, Demarny trouve une très bonne idée sur ma musique qui devient une jolie chanson intitulée *Deux Bateaux*. L'histoire d'un vieux chalutier et d'un petit voilier flambant neuf, que l'on compare, lorsqu'ils partent en mer, à un fils avec son père.

J'entreprends alors de solliciter Jean Renard, lui aussi compositeur de chansons, croisé à maintes reprises dans les couloirs des maisons d'édition musicale, mais aussi pour l'heure directeur artistique de Sylvie Vartan. Je compte bien qu'il m'obtienne un rendez-vous avec la chanteuse.

Quelle n'est pas ma déception quand il me suggère plutôt de lui faire parvenir une cassette, ce à quoi j'oppose immédiatement un refus net et précis. Pas question pour moi d'envoyer quoi que ce soit qui risque de se retrouver noyé avec d'autres maquettes au fond d'un tiroir. Mon état de chanteuse m'a offert la chance de croiser et de côtoyer, même si c'est de loin, certains chanteurs de ma génération. Je ne vois pas pourquoi je ne profiterai pas de cet avantage quand je désire leur proposer une chanson.

Jean Renard, manifestement étonné par la détermination de ma réponse, m'assure qu'il va faire son possible, mais que rien n'est gagné avec Sylvie car celle-ci, paraît-il, déteste avoir à porter un jugement sur une chanson devant les gens qui l'ont composée. Ça commence bien !

Jean me promet de me rappeler au plus tôt pour m'apporter une réponse, quitte à ce qu'elle soit décevante pour moi. Là, nous sommes d'accord ! Je déteste cette sale habitude qu'ont prise les gens de notre profession qui consiste à oublier de vous rappeler quand la réponse que vous attendez d'eux s'avère négative. C'est ainsi que « Pas de nouvelles - Mauvaises nouvelles » est devenu monnaie courante dans notre beau métier.

Mais cette fois Jean Renard va tenir sa promesse, il me faudra simplement patienter six longues semaines avant que le téléphone ne sonne à nouveau. Juste au moment où je commençais à croire que cette chanson était définitivement maudite.

Sylvie me convie à déjeuner avec Jean Renard dans la maison familiale de Loconville, dans l'Oise. Jean sera chargé de m'y conduire. Je suis ravie à l'idée de faire mieux connaissance avec elle, dans un cadre plus personnel. Jusque-là, nous nous étions croisées uniquement sur des plateaux télé et n'avions échangé que des banalités polies de circonstance.

Comme l'automne qui donne à la campagne ses belles couleurs mordorées, Sylvie, toute bronzée, nous accueille sur le perron de la grande maison blanche. Cheveux longs, fins et blonds comme les blés, tee-shirt blanc manches courtes, jean, ceinturon de cuir parsemé de perles turquoise, baskets américaines, le visage vierge de tout maquillage, excepté le trait léger d'eye-liner qui souligne le contour de ses yeux, elle rayonne d'une beauté naturelle qui force mon admiration.

— Bonjour Alice, je suis très touchée que tu aies fait le déplacement jusqu'ici pour me montrer une chanson. J'ai hâte de l'entendre. Johnny est désolé de ne pas partager cette journée avec nous, mais il est déjà parti en tournée. Il t'embrasse. Je te présente Ilona, ma maman, et tu connais mon frère Eddy...

Je suis extrêmement sensible à la tournure familiale que prend ce rendez-vous, et le déjeuner se passe, léger, délicieux, agrémenté d'anecdotes professionnelles de part et d'autre. Sylvie joue à merveille son rôle de maîtresse de maison et à aucun moment je n'ai l'impression d'avoir la numéro Un des stars féminines des sixties en face de moi. Même le personnel de maison se fait discret. C'est donc parfaitement à l'aise que je m'installe au piano après que nous avons évoqué le plus naturellement du monde nos problèmes mutuels de jeunes mamans-chanteuses autour d'un bon café dans le jardin.

Deux bateaux sur la mer, on dirait un fils avec son père,
Deux bateaux sur la mer, cette histoire existe aussi sur terre...

Sylvie est enthousiasmée par la chanson qu'elle fredonne déjà.

— Cette histoire est très belle... et ta musique, j'adore. J'ai l'impression de voir Johnny avec David sur scène... plus tard... c'est drôle non ?

Drôle, je ne sais pas. Prémonitoire, peut-être car bien des années après on pourra voir le tout jeune David faire à son père la surprise de l'accompagner pour la première fois à la batterie lors d'un de ses méga-concerts à Pantin.

Enveloppé, c'est pesé ! Sylvie tient absolument à ce que la chanson figure sur son nouvel album. Nous passons la fin de l'après-midi avec Jean et Eddy autour du piano à chercher ensemble la tonalité qui conviendra le mieux à sa voix et répétons sans relâche jusqu'au soir sans que ni les uns ni les autres n'aient ressenti le besoin de regarder l'heure.

C'est après que Sylvie m'a proposé de faire ensemble un dernier tour du jardin que nous prenons congé. Ces bien plus que *2 minutes 35 de bonheur* (titre d'une chanson enregistrée en duo avec son secrétaire et ami Carlos) avec l'idole féminine des teenagers m'ont fait un bien fou.

C'est le cœur léger que je rentre à la nuit tombante. J'ai hâte d'appeler l'auteur et mon éditeur de mari pour leur faire part de la bonne nouvelle.

Désormais, à la demande de Sylvie, je me tiens à la disposition de ma nouvelle interprète, et ce jusqu'à l'enregistrement final de la chanson avec les musiciens au studio des Dames.

Travailleuse infatigable, Sylvie s'avère très exigeante avec elle-même, changeant un mot par-ci, ajoutant une élision par-là, me demandant de modifier une ou deux notes du refrain, ou de l'aider à trouver le meilleur phrasé d'un couplet. Tout est passé au peigne fin avec un souci du détail surprenant. Perfectionniste jusqu'au bout des ongles !

J'aurai la chance, dans l'année qui suivra, d'être interprétée à nouveau par Sylvie (*Riche* que j'écrirai avec Michel Mallory...) et chaque fois que nous nous reverrons, ce sera toujours dans le même climat intime et familial, comme la première fois, que ce soit à Loconville ou dans la belle maison de la villa Montmorency, à Paris, dans le XVIe.

À l'époque, je suis bien loin d'imaginer que quelque quarante années plus tard, comme pour confirmer l'adage « Jamais deux sans trois », Sylvie fera d'une de mes chansons fétiches, composée avec Lama (*La chanteuse a 20 ans*) le moment phare de sa tournée 2009.

Un hasard ? Peut-être. Mais continuons de croire que ce soi-disant hasard fait bien les choses !

Merci à toi, ma chère Sylvie.

5

Claude François

Huit mois se sont écoulés depuis ma regrettable mésaventure avec Pierre Delanoë. Le fameux texte *C'est de l'eau, c'est du vent* est toujours posé sur le pupitre de mon piano, attendant la mélodie qui le sortira du néant…

Un soir de mai 1969, après un dîner paisible dans notre appartement-grenier de Taverny, je m'assois sur le tabouret de mon piano face au texte maudit de Delanoë, comme chaque soir avant d'aller me coucher.

Mon mari est resté dans le canapé du salon pour regarder un film de guerre en noir et blanc que la télé diffuse pour la énième fois. À l'autre bout du couloir, Raphaëlle dort déjà à poings fermés et je me perds à l'observer dans son sommeil. À 2 ans, c'est une petite fille calme, indépendante, au caractère déjà bien trempé. Sa jolie bouche boudeuse bien dessinée fait penser à celle de Brigitte Bardot. La couleur de ses grands yeux, qu'on pourrait qualifier d'indéfinie, varie en fonction du temps : gris les jours de pluie, bleu foncé dès que le ciel s'éclaircit, et d'un mauve étonnant en plein soleil au bord de la mer…

> *C'est de l'eau, c'est du vent… que l'on boit et puis que l'on oublie… sable fin et mouvant… et mes pas se perdent dans la nuit…*

Est-ce l'effet de ma rêverie au-dessus du lit de Raphaëlle ? Mais une douce mélodie vient de se poser sur les mots de Pierre Delanoë qui, à force d'être lus et relus chaque soir depuis neuf mois, viennent de rejaillir intacts dans ma tête. Le jour serait-il enfin venu pour que le miracle s'accomplisse ?

Je sais que rien ne peut troubler le premier sommeil de ma fille, elle est habituée à m'entendre pianoter la nuit. Aussi, tout en appuyant sur la pédale de sourdine, je n'hésite pas à laisser aller mes doigts sur les touches noires et blanches du piano, qui s'offrent à moi comme pour répondre à un appel venu d'on ne sait où. Et la magie opère avec un trop-plein de notes qui surgissent de tout mon être. Au bout d'une heure la chanson existe, paroles et musique confondues, comme définitivement imprimée dans ma tête et sous mes doigts.

En m'entendant chanter, Bernard a consenti à délaisser son film et s'est posté discrètement dans l'embrasure de la porte du couloir de la chambre. Dès que j'ai terminé de chanter, au lieu du compliment attendu, j'ai droit à un commentaire strictement professionnel :

— Mais c'est pour Claude François, ça !

Alors « ça », comme il le dit si bien, c'est tout Bernard ! Le métier et l'efficacité d'abord, les sentiments et les appréciations personnelles après !

Je compose et il dispose. Une complémentarité qui s'est avérée efficace pour Gilles Dreu et Sylvie Vartan, mes deux premiers interprètes. Il n'y a donc pas de raison pour que l'alchimie ne fonctionne pas à nouveau avec Cloclo.

Persuadée à mon tour que mon mari a sûrement raison, je passe donc le reste de ma nuit à cogiter sur le moyen de joindre notre future cible : Claude François. Appeler d'abord Pierre Delanoë et risquer de me faire éconduire ? Non, s'adresser plutôt directement aux Disques Flèche, la production de Claude. Pour Pierre on verra plus tard.

Dès le lendemain, je pars à l'assaut de la maison de production du chanteur. Les secrétaires se succèdent, toutes plus charmantes les unes que les autres, à l'autre bout du fil, mais sont manifestement plus préoccupées à faire barrage à ma tentative d'approche auprès de leur patron-vedette qu'à me faciliter l'accès à celui-ci, même si je suis chanteuse, moi aussi ! J'ai beau insister, rien n'y fait. Jusqu'à ce que je réitère mon appel un peu plus tard et demande à parler directement à Nicole Gruillet, sa secrétaire particulière, dont j'ai obtenu le nom par ma maison d'édition. Magique ! Deux petites minutes de dialogue avec Nicole pour l'informer de l'objet de mon appel vont suffire pour que, quelques secondes plus tard, une autre voix, masculine celle-là, lui succède.

— Salut Alice, c'est Claude, tu vas bien ?

Ouf ! Cloclo en direct ! Et il se souvient de moi ! Il est vrai que nous nous sommes déjà croisés plusieurs fois dans les couloirs des studios de télé et au hasard de nos tournées respectives, mais de là à s'en souvenir… Chapeau l'idole !

Claude est très précis, rapide, mais très cordial aussi. Je sais, par mes collègues auteurs ou compositeurs, qu'il accorde le plus souvent des rendez-vous dans son studio de maquettes au sous-sol de sa maison de production, ou encore dans son bureau. À ma grande satisfaction, j'apprends que j'aurai le privilège de le rencontrer dans son appartement du boulevard Exelmans.

— Un peu plus loin sur la gauche quand tu sors de chez Flèche, sur le même trottoir, c'est au dernier étage… je te repasse Nicole pour qu'elle te donne l'adresse et qu'elle te briefe sur les détails, c'est elle qui a le planning… Ah ! Une dernière chose, ta chanson, c'est un titre rapide ou lent ?

Me voilà bien ennuyée pour ne lui faire qu'une réponse de normand.

— Euh… ni rapide ni lent… entre les deux !

Et Claude de me demander quel est mon signe astrologique. Verseau, pourquoi, c'est important ?

— Hum... oui. Je suis Verseau aussi. C'est parfait. À bientôt Alice. J'ai hâte d'écouter. Salut !

Clac ! Il a raccroché sans me repasser Nicole.

Cinq minutes plus tard, celle-ci me rappelle pour me soumettre à la question.

— Alors ? Ça s'est bien passé ? Comment l'as-tu trouvé ? Tu es bien tombée car il est en pleine forme aujourd'hui. Où t'a-t-il fixé rendez-vous ? Au studio ou au bureau ? Oh... à l'appart ? Ah, ça c'est bon signe !... Comment s'appelle la chanson ?... Tu comptes lui faire écouter comment ? Ah, au piano, c'est bien ! Quel jour et quelle heure t'arrangeraient ? Tu prévois quand même une cassette à lui laisser au cas où...

Le tout suivi de quelques recommandations de base :

— Alors surtout sois bien à l'heure au rendez-vous mais sache d'office qu'il arrivera très en retard, alors prévois large. Ne me demande pas pourquoi, cela fait malheureusement partie de ses fâcheuses habitudes. Il se laisse toujours déborder. Prévois ensuite une heure, ou plus, je ne peux pas te dire... Bref ! Ne prends pas d'autre rendez-vous après, c'est plus prudent !

Rien à voir avec Sylvie Vartan, donc, avec cette avalanche de questions et de mesures de précautions. Cela me donne à penser que notre Cloclo national est un obsédé de la précision mais un peu bordélique aussi, apparemment.

Curieuse cohabitation, me dis-je en raccrochant.

Le mardi suivant, soit quatre nuits blanches plus tard, après avoir décliné mon identité à l'interphone au milieu d'une horde de filles agglutinées devant l'entrée de l'immeuble du boulevard Exelmans, j'entre à 14 h 55 précises dans le hall pour mon rendez-vous de 15 heures au septième ciel. À mille lieues d'imaginer alors que c'est à cette adresse précise qu'il disparaîtra brutalement, à peine dix ans plus tard, électrocuté en voulant remettre d'aplomb une applique électrique alors qu'il sortait encore tout humide de son bain. Toujours ce souci du détail… qui tue, parfois.

Deuxième barrage, avant de pénétrer dans l'ascenseur du hall : je dois décliner à nouveau mon identité et l'objet de ma visite au gardien au milieu d'une autre dizaine de fans.

15 heures pétantes. Septième et dernier étage : rayon *Belles belles belles* !

Après avoir dû enjamber les cinq ou six jeunes filles qui jonchent les quelques marches menant au duplex, c'est dans un climat d'indifférence manifeste et de mépris général que je sonne à la petite porte d'entrée.

Devant mon étonnement, la dame qui m'invite à me glisser rapidement dans l'appartement m'explique la hiérarchie qui s'est installée au fil des années au sein du fan-club de Claude.

Il y a ceux de la rue, toujours mystérieusement informés du moindre déplacement de leur idole et qui le précèdent là où il doit se rendre ; puis ceux, triés sur le volet, que l'on autorise à séjourner une heure ou deux, à condition qu'ils restent discrets, dans le hall du rez-de-chaussée ; enfin les rares privilégiés, des filles en majorité, qui ont obtenu l'accès au palier du dernier étage.

Ces dernières, qui font le plus souvent partie des fans de la première heure, sont autorisées à occuper l'escalier qui mène à l'appartement. À la condition d'observer le silence le plus total. Dans le meilleur des cas elles se verront peut-être, à force de patience et d'opiniâtreté, récompensées en décrochant un petit emploi à mi-temps dans l'entourage du chanteur. Au pire, elles seront engagées à un poste de responsable d'une section au sein du fan-club. Bénévole, celui-là. Mais jamais, au grand jamais, elles ne seront autorisées à franchir la porte du sacro-saint appartement !

Je me sens d'autant plus gênée et privilégiée, en pénétrant ce jour-là dans l'antre de l'idole, que j'ai le sentiment de détenir par le biais d'une chanson le sésame qui donne accès à l'impossible rêve…

Un sentiment d'injustice aussi car je me souviens avoir hurlé, moi aussi, « Cloclôôôô ! » du haut du balcon de l'Olympia quand Claude chantait *Belles belles belles…*, *Marche tout droit* ou encore ce *Mashed potatoes yeah…* dont la danse effrénée du chanteur ne manquait pas de déclencher une hystérie collective à faire trembler la salle mythique. Peut-être même y avait-il alors à côté de moi l'une de ces futures jeunes filles de l'escalier ?

Bien sûr, l'Olympia avait connu auparavant d'autres manifestations de la foule en délire, notamment avec Gilbert Bécaud dont le public avait déjà manifesté jadis son enthousiasme irraisonné en fracassant des fauteuils par dizaines.

C'est forte de ces images gravées à jamais dans ma mémoire que je pénètre dans le salon. La femme me prie de m'installer dans le canapé en daim caramel, face à la grande terrasse qui domine les autres immeubles du boulevard, bien au-dessus du va-et-vient des voitures dont on perçoit le ronronnement incessant. À travers la grande baie vitrée on devine les contours du bois de Boulogne, à la lisière du champ de courses de la Porte d'Auteuil.

J'ai gardé mon manteau, mon sac en bandoulière et je serre précieusement sur mes genoux le porte-documents qui contient le texte en deux exemplaires ainsi qu'une cassette de la chanson. Au cas où… Je me sens comme anesthésiée depuis mon arrivée et me demande comment il est possible de vivre et respirer normalement dans ce climat permanent de tension et de sollicitations ?

Une petite voix intérieure me suggère de prendre mes cliques et mes claques et de rentrer chez moi. Elle ajoute que je n'ai rien à voir avec ce monde-là... mais la raison professionnelle l'emporte et me conseille de m'accrocher. Je me débarrasse de mon manteau, de mon sac et de mon porte-documents et m'enfonce doucement dans le canapé pour profiter pleinement de tout ce qui m'entoure.

Faire semblant d'être hyper à l'aise, malgré le trac qui commence à me gagner.

Le moindre bibelot, le moindre livre, le cendrier, le tableau, la lampe et le vase sur la table d'angle semblent avoir été choisis pour des raisons précises, avec beaucoup de soin et de goût. Sur les murs, quelques tableaux, mais pas une photo ni un gadget qui rappelle au visiteur la profession du maître de ces lieux. Une leçon que je me promets de retenir si jamais je devais, par le plus grand des hasards, me retrouver moi aussi, un jour, tout en haut de l'affiche... J'apprécie le côté classe, discret et feutré de la déco, à mille lieues de l'image strass et paillettes que l'on se fait du chanteur quand il est sur scène.

Une heure s'est écoulée sans que je ne m'en sois rendu compte. La femme m'a offert très gentiment un cocktail de fruits frais, accompagné d'un gros morceau de cake « fait maison » par Chouffa – la maman de Claude, m'a-t-elle précisé. Puis un café, suivi d'un second. Tout cela a pour effet de déclencher en moi ce même sentiment de bien-être que j'éprouve avant d'entrer en scène lorsque j'ai grignoté un bon petit en-cas dans ma loge, mon antitrac personnel.

— Claude arrive, il vient de quitter son bureau, me précise-t-on.

Même le trajet vers l'appartement privé de la star est orchestré comme une entrée en scène. Fascinant !

Finalement, je trouve préférable d'avoir eu un peu de temps pour m'habituer à l'endroit et ne pas avoir eu à entrer dans le vif du sujet à peine arrivée. Une heure trente après l'horaire fixé par lui, Claude entre enfin, m'embrasse chaleureusement et s'installe confortablement en face de moi dans un grand fauteuil.

— Tu veux quelque chose ? Un autre jus de fruits, un café, encore un peu de gâteau ? Pour moi, ce sera un jus de citron chaud avec du miel.

Pas une allusion ni de mot d'excuse pour le retard !

— Alors qu'est-ce que tu deviens depuis que je t'ai vue chanter en mariée chez Guy Lux ?

Décidément, ce passage dans « Le palmarès des chansons » le jour de mon mariage a vraiment marqué les esprits. En tout cas c'est un bon point de départ pour entamer la conversation. Celle-ci dure une bonne heure durant laquelle j'ai parfois l'impression de faire figure de confidente, plus que de compositeur en mal d'interprète.

Nous nous trouvons de nombreux traits communs de caractère, peut-être le fait d'être nés tous les deux sous le signe du Verseau. Seule sa vision un peu orientale du statut féminin nous oppose à plusieurs reprises, mais cela a le mérite de déclencher quelques éclats de rire de part et d'autre et finit de me mettre complètement à l'aise.

Tandis qu'il me parle, je ne peux m'empêcher d'imaginer la tête de son prochain rendez-vous, certainement déjà en train de regarder sa montre. Mais tout cela ressemble aussi à cette générosité naturelle que l'on perçoit immédiatement chez Claude, à savoir : surtout ne pas tenir compte de l'heure et prendre bien soin de ses invités.

Après ces préliminaires et ces échanges passionnants, nous passons à l'acte : Claude m'invite à rejoindre le piano droit dans le couloir-passerelle qui donne, lui aussi, sur une grande terrasse. Alors que je m'assois sur le banc devant le clavier, il a pris place debout face à moi, la tête posée sur ses bras repliés, le tout appuyé sur le dessus du piano blanc dans ce que je définirai comme une position d'observateur. Les célèbres yeux clairs aux longs cils sont plongés dans les miens, ce qui, je l'avoue, me déstabilise un peu. Un silence plus que pesant s'installe. Pour couper court au malaise ambiant, je juge le moment opportun de me lancer dans ma chanson.

Durant l'introduction musicale, j'ai juste le temps d'avoir une pensée émue pour les « filles de l'escalier ». Dire que moi, la petite Lily, ex-groupie de Cloclo, j'ai obtenu mon billet d'entrée chez l'une des idoles de mon adolescence. Or, l'idole est là et me regarde effrontément. Je pourrais même, à cet instant précis, lui toucher la main… mais les deux miennes sont déjà en train de courir sur le clavier. Reviens vite sur terre, ma petite Alice !

Je me sens bien. Je trouve que je ne chante pas trop mal aussi. L'émotion que j'essaie de mettre dans les mots de Delanoë est au rendez-vous et je sens que le chanteur l'a perçue. J'ai volontairement omis de mentionner le nom de Pierre sur la copie du texte que j'ai apportée, afin de ne pas influencer l'interprète.

Pierre… Oh zut ! J'ai totalement oublié d'informer l'auteur de ce rendez-vous, et du fait que j'avais enfin trouvé la musique sur son texte. Quel que soit le résultat de cette audition, il faudra absolument que je l'appelle en rentrant. C'est fou ce qui peut vous passer par la tête alors que votre future carrière de compositeur est peut-être en train de se jouer !

> *Sable fin… et mouvant… et mes pas se perdent dans la nuit…*

Et voilà ! J'ai fini !

— Mais c'est toute ma vie en trois minutes, cette chanson ! Je l'enregistre la semaine prochaine !

Il a pris ma tête entre ses mains et a posé tendrement un baiser sur mon front : la plus belle des récompenses depuis la naissance de ma fille. Oh Raphaëlle, tu vas être fière de ta maman. C'est un peu grâce à toi si j'ai enfin composé cette maudite musique, un soir alors que tu dormais. Je suis sûre que tu vas adorer Claude François...

— De qui est le texte ? me demande Claude.

— Pierre Delanoë.

Il semble que ce nom vient de déclencher une étrange réaction chez l'idole.

— Et tu l'as mis au courant de notre rendez-vous ?

Euh... non ! J'ai oublié de l'appeler. C'est grave, docteur ? C'est ce que je crois bon d'ajouter avec humour.

— Non. Pas pour moi en tout cas. J'aime beaucoup Pierre malgré son caractère de cochon. Mais je crois savoir qu'il est très fâché contre moi pour une histoire de musique que j'ai confiée simultanément à plusieurs auteurs, dont lui. Il n'a pas du tout apprécié le fait que je l'aie mis en compétition avec d'autres moins réputés. Depuis, il me fait la gueule !

Badaboum ! Il ne manquait plus que ça ! Maudite... Maudite musique !

— Mais je ne m'inquiète pas. Appelle-le pour lui annoncer la bonne nouvelle et je suis sûre que tu vas nous arranger tout ça. Et puis tu es une femme, alors...

Alors quoi ? Mais bien sûr, mon cher Claude, que je vais arranger tout ça, bien que l'idée de devoir à nouveau affronter la colère de Pierre me terrorise à l'avance. Sincèrement, je me vois mal faire le coup de la séduction au téléphone pour obtenir gain de cause avec Delanoë.

Comme si cela pouvait apaiser mes craintes, Claude croit bon de m'embrasser à nouveau en me fixant d'office un rendez-vous pour un dîner en tête à tête jeudi soir dans un restaurant de l'avenue de Wagram, afin de faire plus ample connaissance. Mouais... C'est mon mari qui va être content de ne pas être invité... Claude ajoute que nous nous rendrons ensuite ensemble au studio tout proche pour réaliser la maquette de la chanson avec ses musiciens. Je vois ça avec Nicole, donc ?

Oui, Claude. Bien, Claude. Merci, Claude.

— Bravo à toi mon Alice. À jeudi, 21 heures, salut !

Re-bisou sur le palier, devant l'air béat des filles de l'escalier qui me fusillent du regard dès que Claude a refermé la porte derrière lui.

Waouh ! Il m'a appelé « mon Alice » ! La midinette qui sommeille en moi s'est réveillée et a pris la grosse tête !

De ce jour, je n'ai jamais cessé d'avoir des rapports d'amitié très affectueux avec Claude. Rien de plus. Rien de moins. Que du joli et du meilleur.

Mais, maintenant, il me faut affronter le pire !

*

J'appelle Pierre le soir même.

— Allô, monsieur Delanoë ? C'est Alice Dona.

— Qui ça ? Ah oui… Alice Dona… que devenez-vous ? Ah, au fait, très jolie la chanson de Vartan, j'ai reçu l'album à Europe 1, j'ai lu votre nom au dos de la pochette alors j'ai écouté. J'ai reconnu votre musique. Ça ne fera peut-être pas un tube, mais c'est très bien.

Et toc ! Les amabilités recommencent.

Je décide d'aller droit au but et lui raconte la musique sur son texte, mon rendez-vous avec Claude, et l'informe de l'enregistrement imminent de notre chanson.

— Quelle chanson ?… Ah oui, ce texte que vous m'avez jeté… je ne me souviens pas bien, j'ai dû en écrire deux cents depuis… mais en ce qui concerne Claude François je tiens à vous dire que…

Je ne rapporterai pas ici les noms d'oiseaux dont il va gratifier le chanteur au téléphone, au point d'éloigner parfois le combiné de mes chastes oreilles. Puis, le calme semblant revenu, Pierre ajoute, entre deux grommellements :

— Grrrr... Claude François... Vous dites qu'il enregistre quand ?... Hum... D'abord je ne me souviens plus du tout de ce que j'ai écrit... ça s'appelle comment ?... *C'est de l'eau, c'est du vent* ? Ah... très joli ce titre... et ça dit quoi ?...

Pour l'anecdote, il faut signaler, à cet instant précis de notre échange téléphonique, que Pierre a toujours eu si peu la mémoire de ses propres textes qu'un jour il a téléphoné à Europe 1, dont il était alors directeur des programmes, après avoir entendu sur l'antenne une chanson qu'il trouvait très belle. Il souhaitait connaître le nom de l'auteur. On crut qu'il plaisantait, mais on lui répondit malgré tout que c'était bel et bien lui. Puis, pensant qu'il s'agissait d'une farce de la part d'un auditeur, on lui a raccroché au nez !

Mais revenons à nos chansons. Après que je lui ai lu un couplet et un refrain de la nôtre, Pierre m'interrompt.

— Mouais, ça m'a l'air pas mal, mais je veux entendre la musique avant de donner mon accord à Claude François. Que faites-vous demain ?... J'ai rendez-vous aux Éditions Essex avec le directeur Jacques Poisson. Vous me retrouvez là-bas. 15 heures, ça vous va ?

Oui, monsieur. Bien, monsieur. Merci, monsieur. Au revoir et à demain, monsieur.

Mais il a déjà raccroché.

Il se trouve que c'est là aussi que travaille mon mari depuis quelques mois. Et encore un rendez-vous à 15 heures pour la même chanson à 24 heures d'intervalle. Que de coïncidences ! Espérons seulement que le sieur Delanoë sera un peu plus ponctuel que le fut notre cher Claude !

À 15 heures tapantes, je pénètre dans le hall en même temps que Pierre sort d'un bureau. Il m'invite à passer directement dans le petit studio de travail et je me retrouve encore devant un piano droit, à chanter *C'est de l'eau, c'est du vent.* Cette fois-ci, mon auditeur s'est planté derrière moi et lorgne par-dessus mon épaule sur le texte placé sur le pupitre, ce qui me déstabilise un peu pour jouer les premières mesures.

Mon premier ami n'est plus qu'un point sur l'horizon
Mon premier amour n'a déjà plus de nom
Et quand je regarde la photo de ce petit garçon,
Je reconnais à peine mon visage

J'ai pris sur moi en modifiant d'office quelques paroles pour masculiniser la chanson par rapport au texte initial écrit par Pierre pour Sylvie, mais je pense que mieux vaut ne pas en informer l'auteur. Croisons les doigts pour qu'il ne m'en tienne pas rigueur s'il s'en aperçoit. Je me sens étonnamment bien en continuant, avec une envie furieuse d'épater le Maître.

Sable fin et mouvant
Et mes pas se perdent dans la nuit.

Et voilà le travail ! J'ai mis tout mon cœur dans l'interprétation. Mon avenir de compositeur repose désormais sur la décision de Maître Pierre. C'est ce que je ressens en plaquant le dernier accord de la chanson.

« Quel beau texte ! » et un baiser énergique sur mon front (encore !) sont les premières réactions de Pierre qui surenchérit :

— Ah oui vraiment… superbes paroles ! Allez, vas-y, mon Alice, rechante-moi ça !

Vient-il de me tutoyer et de m'appeler son Alice ou ai-je rêvé ? Je recommence donc, avec l'espoir que ma musique, avec un peu de chance, recevra elle aussi un petit compliment…

À peine ai-je terminé de bisser ma chanson que je m'aventure à lui poser, à mon tour, une question, sans toutefois oser la réciprocité du tutoiement.

— Vous êtes de quel signe, Pierre ?

— Sagittaire, pourquoi cette question ?

— Oh... juste comme ça... pure curiosité !

Sagittaire, comme mon père, et comme mon mari aussi. Cela ne m'étonne qu'à moitié. Leurs priorités communes : le travail, l'efficacité. Et pour les sentiments et les compliments ? Pas d'urgence, on verra après.

Mais je vais quand même enfin recevoir la récompense de mon travail :

— C'est formidable ! Tu écris des musiques comme un mec ! C'est musclé, puissant, efficace, tu me fais penser à une espèce de Bécaud au féminin quand tu chantes au piano. Bravo, c'est vendu ! Tu peux lui dire que c'est d'accord à ton Claude François, et qu'il a intérêt à ne pas nous rater notre chanson ! Dis-lui que c'est un tube et si ça ne marche pas, ce sera uniquement sa faute. D'ailleurs, si cela se produisait, je ne veux plus jamais entendre parler de lui, déjà que j'estime que je suis bien gentil d'accepter que...

Et hop, Tonton Ronchon est remonté sur ses grands chevaux !

Mais j'ai quand même décroché le pompon aujourd'hui : j'écris comme un mec. Alors ça, c'est du compliment !

J'ignore alors que cette première collaboration n'en est qu'à ses balbutiements car suivront beaucoup d'autres chansons signées Delanoë-Dona, pour divers interprètes et pour moi aussi. Mais elle reste surtout, dans ma mémoire, l'image du commencement d'une belle histoire d'amitié qui va durer jusqu'à ce que Pierre nous quitte, le 27 décembre 2006.

J'ignore encore aussi qu'à dater de *C'est de l'eau, c'est du vent*, Pierre va se répandre dans tout le métier en affirmant à qui veut l'entendre que je compose comme un homme.

Cette nouvelle étiquette va avoir pour effet de m'ouvrir des portes qui jusque-là m'étaient hermétiquement fermées.

Merci à toi, cher Tonton Ronchon !

*

Jeudi soir au restaurant en tête à tête avec Claude.

J'ai droit au jeu des questions sur ma vie, mon œuvre, au jeu de la séduction aussi, auquel je ne succomberai pas – ce dont je l'informe de façon plus que directe et qui semble l'amuser beaucoup, malgré la veste qu'il vient de se prendre.

Vers 23 heures, après un dîner succulent accompagné d'un très bon vin, nous rejoignons joyeusement les musiciens pour réaliser la maquette de *C'est de l'eau, c'est du vent*.

Première tentative. Il n'aime pas. Seconde version. Claude est encore plus déçu. Nous décidons de recommencer le vendredi et il en sera de même le samedi. Le dimanche, il me faut changer la fin de la chanson qui ne lui convient plus. Le lundi, nous retournons en studio et réenregistrons une nouvelle maquette, en modifiant tout. La quatrième. Je vais découvrir par la même occasion la face cachée de Claude et ce caractère qu'on pourrait qualifier de soupe au lait, et qui, c'est ce que je suppose, cache un angoissé permanent.

Nous terminons enfin à 3 heures du matin, plus que contents. Je suis épuisée, mais pas lui. Jamais !

Avant de regagner chacun nos pénates, Claude m'informe qu'il doit entrer en studio le mardi de la semaine suivante pour l'enregistrement définitif avec le grand orchestre et tout son staff artistique, mais il ne souhaite pas que je sois présente et préfère que j'écoute le résultat final avec des « oreilles fraîches ». Pas de problème, Claude.

La semaine me semble une éternité et le doute commence à s'installer, vu l'absence totale et soudaine de nouvelles de sa part.

C'est le mardi suivant, chez moi, à 4 heures 30 du matin, que le téléphone pleure !

— Allô mon Alice ? C'est Claude. Tu dormais ? (Eh bien non, j'étais en train de faire un jogging dans la cuisine... mais qu'est-ce qu'il s'imagine ?)... alors surtout tu ne quittes pas... je te fais écouter notre chanson... Attention, c'est juste une mise à plat, comme ça, pas mixé et je refais la voix demain parce que j'étais trop naze... Écoute...

Et bien sûr que je ne quitte pas et que je l'écoute, notre chanson, celle-là même que j'ai crue maintes fois maudite parce qu'elle n'en finissait jamais d'exister puis de s'éteindre brusquement ; celle-là même dont la musique a mis neuf mois pour voir le jour et qui naît aujourd'hui... Au fur et à mesure que j'entends ces jolis rubans de notes nouvelles jouées par des instruments qui me la renvoient plus belle que je ne l'imaginais, je sens les larmes me monter aux yeux et c'est effondrée de bonheur que je reste muette à l'inévitable question finale de Claude :

— Alors ? Qu'est-ce que tu en penses ?

Sniff sniff... voilà ce que j'en pense ! Impossible d'articuler un son.

— Allô Alice ?... Tu es toujours là ?

Oh que oui, je suis toujours là, mon cher Claude ! Et je vais bien, très bien ! Sauf que je n'ai plus de Kleenex...

Je ne sais pas comment lui faire comprendre que je suis, à ce moment précis de ma vie, le plus heureux des compositeurs musclés qui soit. Mais je crois qu'il l'a très bien compris.

*

Claude aime tellement notre chanson qu'il m'invite le week-end suivant pour me présenter à quelques amis qu'il reçoit au « Moulin ».

Le moulin de Dannemois est planté au milieu d'une magnifique campagne vallonnée, verdoyante et fleurie, à quelques kilomètres de Fontainebleau. Les épais murs de pierres apparentes de la haute bâtisse sont recouverts de lierre. Quand on entre par le grand portail, un bâtiment principal en L occupe toute la partie gauche du terrain ; sur la droite, une ancienne grange a été transformée en partie au rez-de-chaussée en une cave à vin inestimable, qui représente manifestement pour Claude le joyau de sa propriété !

En passant sous le porche, on débouche sur la piscine où un espace cabine a été aménagé dans l'autre partie de la grange pour se changer. À l'intérieur sont suspendus quelques maillots de bains de tailles et de couleurs variées. Des peignoirs en éponge sont impeccablement disposés sur une table. Au premier étage se trouvent les chambres du personnel de maison.

Entre les deux bâtiments, un magnifique jardin à la française, conçu par Claude, descend en pente douce jusqu'aux abords de la majestueuse roue du moulin et de la rivière que traverse un joli pont de bois aux rambardes arrondies. Au loin, des vergers fleurissent à perte de vue.

Après m'avoir fait l'honneur d'une visite guidée à l'extérieur, Claude me fait entrer dans le grand salon où attendent déjà cinq à six personnes, et me présente. Il y a là une amie journaliste à *SLC*, un copain photographe, son producteur de spectacles Paul Lederman, sa maman Chouffa, puis Josette, sa sœur, et un ex-journaliste sportif qui, paraît-il, a décidé de s'orienter vers la variété. Ce dernier m'adresse un chaleureux sourire que je reçois comme une bouée, me sentant un peu noyée au milieu de tous ces inconnus.

— Michel, je te présente Alice Dona, ex-chanteuse yé-yé, et malgré tout compositeur de très grand talent !

Claude a ponctué sa présentation d'un grand éclat de rire. Il poursuit.

— Alice, ce jeune homme très propre sur lui est le plus doué de sa génération et cela va se savoir très vite dans le monde de la chanson, alors retiens bien son nom : Michel Drucker.

À partir de ce jour, mémorable, chaque fois que j'aurai la chance d'être reçue par Michel dans une de ses émissions de radio ou de télévision, ce dernier ne manquera jamais de faire référence à notre première rencontre au Moulin, avec toute la gentillesse et la chaleur qu'on lui connaît. Une photo de Claude trône toujours dans les bureaux qu'il occupe aujourd'hui et la fidélité dans le souvenir fait aussi partie des qualités du grand pro incontournable qu'il est devenu.

Pendant que Michel, Claude et moi devisons gaiement, d'autres personnes font leur apparition. C'est ainsi que je vais être présentée au beau-frère, puis à l'épouse de Claude, Isabelle, dont la douceur et la discrétion n'ont d'égales que sa blanche et blonde beauté venue du Nord. Elle tient par la main un petit garçon aux cheveux d'or blanc et aux grands yeux en amande d'un bleu très clair, comme ceux de sa maman.

— Et voici mon fils, Coco.

C'est bien plus tard que j'apprendrai que Claude a un autre fils, Marc. Mais pour de mystérieuses raisons, ce dernier ne se montrera pas au moulin.

Je prends, ce jour-là, une formidable leçon de savoir-recevoir. Le repas, en dehors du fait de s'avérer délicieux, nous est servi dans une vaisselle somptueuse. Du linge de maison brodé aux initiales du maître des lieux à la cuisine familiale préparée par maman Chouffa, rien n'a été laissé au hasard ; des vins savamment sélectionnés par Claude dans sa cave personnelle, aux cigares proposés aux invités dans l'humidificateur géant en loupe d'orme ; sans oublier la farandole de desserts et de pousse-café offerts par le maître de maison. Tout est à l'avenant. Claude a même réservé la surprise d'offrir à ceux qui viennent pour la première fois au Moulin une immense bouteille d'alcool de poire ou de framboise, spécialement étiquetée « Claude François, à l'attention de... », et personnalisée de sa main au nom de chacun des nouveaux convives.

Nous aurons droit aussi à la projection privée du dernier James Bond en version originale dans le salon de cinéma du premier étage, *Goldfinger*, alors que le film vient tout juste de sortir sur les écrans parisiens. Et c'est seulement après que je suis conviée au piano pour faire écouter aux invités notre *C'est de l'eau, c'est du vent.*

Merveilleux soleil qui nous redonne chaque jour
L'illusion de croire qu'on durera toujours...

Un triomphe !

Quand je nous revois ce jour-là dans le salon de musique, certaines phrases de la chanson prennent aujourd'hui une résonance toute particulière.

La soirée va se terminer au soleil couchant par un barbecue sous la grande roue du moulin, près de la rivière, en toute simplicité.

C'est de l'eau c'est du vent va connaître le succès avec plus de 300 000 disques vendus par Claude, à une époque où sa cote n'est pas au plus haut et ce succès sera même involontairement relancé quelques mois plus tard, grâce ou à cause de l'accident de voiture qui va l'obliger à faire une pause, le temps de réparer ses blessures et de subir une rhinoplastie, son nez ayant été fracturé.

Ma première voiture, j'en étais fou, j'en étais fier
Ce n'est désormais qu'un pauvre tas de fer
Ma première chanson qui devait faire

Chanter toute la terre
Je l'ai laissée sur de lointains rivages

Chanson ou prémonition ?

Puis il y aura encore d'autres dimanches au Moulin, d'autres dîners, à deux, à quatre ou à douze. D'autres enregistrements aussi suivront et nous ferons même quelques émissions de télévision ensemble. Il y aura aussi une autre chanson avec Pierre Delanoë qui ne sera plus jamais fâché (*Le Musée de ma vie*) et je connaîtrai à nouveau le bonheur d'être chantée huit fois par Claude.

Même ma fille Raphaëlle participera elle aussi, mais à sa façon, au disque « Le monde extraordinaire de Claude François » pour lequel Claude m'a pris deux chansons (*L'Anneau dans la rivière* et *Les Ballons et les Billes*). Elle figure sur la photo de la pochette de l'album, aux côtés de la star et d'autres enfants de ses proches, tous habillés de blanc pour la circonstance. Elle laissera même un souvenir particulier à certains d'entre eux car le jour de la séance de pose, la pauvre chérie est fiévreuse au point de ne pas parvenir à esquisser le sourire qu'on lui demande pour la photo. Dès le lendemain, elle déclare la rougeole... Dix jours plus tard, une dizaine des autres enfants l'auront à leur tour !

11 mars 1978

Je patiente chez mon garagiste du Perray-en-Yvelines car ma voiture a un pneu crevé et la roue de secours que je viens chercher n'est toujours pas prête. En attendant, comme les ouvriers qui travaillent dans le garage, j'écoute distraitement la radio. Un hit anglo-saxon, je ne sais plus lequel, est soudain interrompu :

— Flash spécial : Claude François viendrait de succomber à un œdème pulmonaire qu'aurait provoqué une manipulation maladroite d'une ampoule alors que le chanteur sortait de son bain. L'information n'a pas été confirmée. Dès que nous recevrons de plus amples nouvelles, nous interromprons à nouveau notre programme et vous en tiendrons informés.

Toutes les mains dans le garage sont en suspens, comme figées au-dessus des moteurs, établis, ou roues de secours. Dans mon coin, je suis pétrifiée en attendant la suite, en espérant qu'elle soit rassurante, et je trouve les minutes qui s'écoulent beaucoup trop longues et de mauvais augure.

Je ne sais plus combien de temps se sera écoulé avant que ne tombe la terrible confirmation comme un couperet avec une nouvelle annonce.

« Claude François est mort. »

Point. Fermez les guillemets.

Parenthèse 2

Changement d'herbage réjouit les veaux, dit-on…

Le 28 avril 1969, le président de Gaulle démissionne et c'est Georges Pompidou qui va lui succéder le 16 juin suivant.

C'est bien loin des fluctuations de la politique que je poursuis mon petit bonhomme de chemin en composant de nouvelles chansons pour Claude François ou Sylvie Vartan. J'ai beau essayer d'aller frapper à d'autres portes, notamment celles de Serge Reggiani, Nana Mouskouri ou Yves Montand, mon étiquette de chanteuse yé-yé fait toujours barrage.

Alors plutôt que de me morfondre en ruminant sur mon sort, je suggère à mon mari que nous partions à l'étranger nous changer les idées au lieu de passer un énième été chez mes parents dans la maison du Var. Nous optons pour un séjour en amoureux sur une île grecque.

Grand bien nous a fait : à la mi-octobre, nous apprenons à Raphaëlle qu'elle va avoir un petit frère ou une petite sœur.

Un bonheur n'arrivant jamais seul, Bernard trouve enfin la place de directeur artistique dont il rêvait aux Éditions Tutti, réputées pour être très bien placées auprès des chanteurs pour proposer à ces derniers des créations de leurs équipes d'auteurs-compositeurs.

« Ça tombe bien, me dis-je, je suis compositeur, j'ai plein de musiques dans mes tiroirs et je cherche de nouveaux interprètes ! »

6
Serge Lama

Octobre 1970

Comme chaque année, les éditions Tutti ont demandé à leurs compositeurs maison, dont j'ai la chance de faire partie depuis que mon mari, Bernard Ricci, y a été engagé comme directeur artistique, de présenter une chanson inédite, destinée à la sélection française pour le grand prix de l'Eurovision 1971, qui se déroulera en avril prochain en Irlande, à Dublin. La chanson qui représentera la France sera désignée par un grand jury de professionnels de la radio et de la télévision au cours du mois de janvier prochain.

On nous informe qu'exceptionnellement l'interprète qui représentera notre pays a été désigné d'office et qu'il nous faudra donc faire du sur-mesure. Mesdames et messieurs les auteurs compositeurs, à vos plumes et instruments !

Le nom de Serge Lama est lâché. On nous précise que, bien qu'il soit lui-même auteur de son état, le règlement n'autorise pas, pour le grand prix Eurovision, que l'interprète participe de près ou de loin à l'écriture de la chanson.

Hum ! Je connais Lama, mais seulement pour l'avoir croisé une fois dans les couloirs chez Pathé Marconi, notre maison de disques commune, et une autre à Deauville, lors d'une séance de signatures où je lui avais demandé de me dédicacer son 45 tours *Une île*, une chanson au succès encore confidentiel mais qui m'avait touchée lorsqu'elle avait remporté le festival de la Rose d'or à Antibes.

Nos relations, à l'époque, se résumaient à des « On s'appelle, coco, et on se fait une petite bouffe ! », une expression devenue très show-biz à l'époque, en référence à une formule initiée par Eddy Barclay. Parfois aussi des « Un de ces quatre il faut qu'on écrive un truc ensemble. » Promesse de chanteur – promesse de menteur ! Bien entendu, ni l'un ni l'autre ne l'avions fait.

Hormis le grave accident dont il a été victime dans les années soixante et dont il s'est sorti à force de courage et de volonté, je sais alors très peu de chose concernant Lama. Je connais malgré tout une chanson légère qui passe un peu en radio, *C'est toujours comme ça la première fois*. Pas assez pour me faire une large idée de l'interprète, alors étiqueté par les mauvaises langues de « sous-Brel ». Pas forcément ma tasse de thé non plus vu que je fais plutôt partie des admiratrices inconditionnelles de Bécaud ou d'Aznavour, aux mélodies plus populaires et plus élaborées.

Parallèlement au prolongement de ma carrière en dents de scie d'ex-chanteuse yé-yé, je compose depuis deux ans pour des interprètes « paillettes et grands spectacles » : Claude François, Sylvie Vartan et autres interprètes en vogue du moment.

Lama, lui, est catalogué parmi les chanteurs dits de cabaret qui intéressent surtout les intellos de la rive gauche. Et les intellos rive gauche, très peu pour moi !

C'est en faisant la réflexion à mon mari que ce dernier me propose justement d'aller écouter Lama qui passe alors à la Villa d'Este, un cabaret très prisé tout près des Champs-Élysées, dans lequel ont débuté Brassens, Brel et autres créateurs du même acabit.

À cette époque, je suis enceinte de cinq mois de mon deuxième enfant et l'idée de trimballer mon ventre déjà bien rond dans un endroit enfumé ne me sourit guère. Mais puisqu'il faut y aller, j'irai ! C'est donc un peu à contrecœur que j'accepte de me joindre à l'équipe des auteurs et compositeurs pour aller écouter le fameux Lama.

Nous sommes vautrés, mon gros ventre et moi, dans un large fauteuil face à la miniscène sur laquelle trône un piano à queue noir où Yves Gilbert, le pianiste et compositeur de Serge, est déjà en place devant son clavier. Extinction des feux et allons-y pour de la chanson rive gauche sur la rive droite de la Seine !

Je n'ai pas eu de ballon rouge
quand j'étais gosse dans mon quartier
dans ces provinces où rien ne bouge
tous mes ballons étaient crevés
je n'ai pas eu de promenade
seul face à face avec le vent
je lisais le marquis de Sade
et j'aimais déjà les divans…

Étonnant, quand même, ce garçon !

… J'ai rien d'mandé, je n'ai rien eu
mais j'ai fait ce que j'ai voulu

Force est de constater que le bonhomme a l'art de planter le décor dès son entrée et de s'imposer d'emblée avec ses yeux noirs qui vous transpercent au premier regard. La voix est tantôt douce, tantôt ferme, claire et forte à la fois, nuancée dans tous les cas. Je ne sais pas si l'histoire qu'il raconte est la sienne, mais moi j'y crois.

Au fur et à mesure qu'il nous déverse ses chansons j'éprouve un certain intérêt pour cet interprète à la maturité d'écriture bien affirmée. J'en ai même oublié la ressemblance vocale avec Brel.

Côté physique, le garçon, de taille moyenne, flotte un peu dans son costume sombre sous lequel on devine une large carrure. Ses cheveux noirs déjà trempés de sueur voltigent et retombent autour de son visage massif aux traits taillés à coups de serpe. On est plus proche de Bonaparte au pont d'Arcole que du grand Jacques filiforme.

Le tour de chant est parfaitement équilibré et c'est avec une aisance déconcertante que le chanteur nous chahute du rire aux larmes. En regardant autour de moi, je constate sur les visages de mes collègues que la même fascination fait son œuvre.

Puis vient la chanson *D'aventures en aventures*, écrite par lui pour Zizi Jeanmaire, pas encore très connue du grand public, mais qui commence à être diffusée sur les ondes. J'aime la façon dont l'auteur-interprète traite le sujet apparemment banal d'une rupture amoureuse.

Cet homme déchiré qui ose hurler sa faiblesse et son impuissance face au bonheur perdu me réconcilie avec les chansons d'amour, trop souvent bêbêtes et parfumées à l'eau de rose.

Les mots sont simples, les choses sont dites sans détours, les images sont belles et impudiques *(... et d'autres que toi sont venues marquer leurs dents sur ma peau nue).* Il est vrai qu'en l'écoutant on ne peut s'empêcher de penser que Lama tient là son *Ne me quitte pas.* La comparaison est peut-être flatteuse mais je me laisse embarquer.

Mais d'aventures en aventures
De train en train... de port en port
Jamais encore je te le jure
Je n'ai pu oublier ton corps...

C'est le moment précis qu'a choisi Lama pour s'avancer vers moi, tandis que le projecteur qui l'éclaire s'est élargi en le suivant. Et me voilà dans la lumière avec lui, étalée lamentablement dans mon fauteuil, les deux mains croisées sur mon ventre rond, face à ce chanteur qui vient de me dire droit dans les yeux qu'il n'a pu oublier mon corps !

La situation est si cocasse que Lama en oublie la suite de ses paroles et s'interrompt en explosant d'un rire tonitruant après avoir découvert mon état de future maman.

— Encore ? lance-t-il à mon intention, avant de reprendre la chanson depuis le début comme si rien ne s'était passé, sous les applaudissements compatissants du public.

Encore ? Mais encore quoi ? Bien sûr la situation est drôle, mais pourquoi ce « encore » ?

C'est plus tard dans la soirée, lorsque nous allons tous le féliciter dans sa loge que j'ai enfin la réponse à ma question.

— Désolé pour tout à l'heure, mais en te reconnaissant j'ai découvert en même temps que tu étais enceinte juste en chantant « je n'ai pu oublier ton corps » ! Non seulement la coïncidence m'a fait monter un fou rire, mais en même temps j'ai eu un flash : la dernière fois que nous nous sommes croisés, il y a quatre ans environ, dans notre maison de disques, il se trouve que tu étais déjà enceinte, mais certainement pas du même enfant ! Enfin, je l'espère pour toi ! C'est pourquoi je t'ai dit « encore » !

Quelle mémoire !

Et Lama d'exploser à nouveau de son rire si reconnaissable et de me serrer dans ses bras comme pour se faire pardonner de m'avoir involontairement impliquée dans son tour de chant.

— J'espère que le père de l'enfant ne m'en voudra pas et que tu vas me composer une belle chanson pour l'Euro ! m'a-t-il glissé dans un grand sourire.

Bien sûr, mon cher Serge ! À part que l'on nous a appris qu'il y aura environ 250 chansons en compétition dans la sélection française ! Une chance sur 250, c'est un peu mince, mon bon monsieur !

Non seulement le père, en l'occurrence mon mari, Napolitain d'origine ascendant jaloux, n'a rien trouvé à redire, mais il est tombé, comme tout le monde ce soir-là, sous le charme du chanteur. L'avenir fera en sorte qu'il prendra, quelques années plus tard, la direction des éditions Plein Soleil, la société que Serge décidera de créer.

En attendant, il va falloir se mettre au travail.

C'est avec la voix de Lama encore bien présente dans ma tête que je m'installe quotidiennement à mon piano afin de trouver la mélodie qui pourra lui aller comme un gant, et, au bout de quelques jours, comme une évidence, une musique me tombe sous les doigts. Entendue et approuvée par mon éditeur de mari. C'est à lui qu'incombe maintenant la lourde tâche de dénicher l'auteur qui saura mettre les bons mots susceptibles de coller dans la bouche de Serge. Il finit par en trouver deux : Jacques Demarny, auteur des grands succès d'Enrico Macias, et Henri Djian, tous deux séduits par l'idée de tenter cette aventure ensemble avec nous.

Au fil des jours, les maquettes fleurissent de toutes parts aux éditions Tutti et tous les créateurs maison se succèdent dans le petit studio pour enregistrer LA chanson qui aura peut-être la chance de représenter la France à l'Eurovision.

Bien que j'aie participé à nombre de concours depuis ma plus tendre enfance, j'ai toujours eu peu de goût pour l'aspect compétitif de ce genre de manifestation. Et pour cause !

Chaque fois que l'occasion m'a été donnée de me présenter à l'une d'entre elles, plutôt que de choisir la facilité en interprétant un succès radio, je préférais proposer mes propres compositions en m'accompagnant au piano. Et le résultat était toujours le même : c'est à la deuxième place que j'échouais systématiquement derrière un Luis Mariano du pauvre. Une place que je jugeais parfaitement injuste car bien souvent le Mariano en question avait chanté très fort, il est vrai, son *Mexico Mexi-iiiiii-co !*, mais aussi très faux, ce que l'applaudimètre n'était pas en mesure d'apprécier.

*

Au mois de janvier, les éliminatoires ont commencé au sein du grand jury de France Inter. Grâce à quelques oreilles bien placées pour recueillir des échos, nous sommes tenus informés quotidiennement de la progression de notre *Jardin sur la terre* qui semble passer allègrement les étapes. Jusqu'au jour où il ne reste plus en lice qu'une quinzaine de chansons, dont la nôtre.

C'est à ce stade que Lama est en droit d'intégrer le jury en tant qu'interprète de la future chanson, avec deux voix prédominantes au lieu d'une.

Mais, car il y a un « mais »… le nom des auteurs ou des compositeurs ne figurant pas sur les maquettes en écoute, aucun favoritisme ne peut intervenir. En outre, pour plus de crédibilité, nous avons choisi de faire interpréter la chanson par un garçon inconnu, choriste de son état. Lama ne peut donc pas identifier ma « patte » de compositeur, si tant est que celle-ci soit reconnaissable.

De quinze, la sélection va passer à dix, puis à cinq, sans que ne transpire plus vers nous aucune information. Pas de nouvelles, bonnes nouvelles ?

Entre mon ventre qui prend de l'ampleur, et l'angoisse du résultat de la sélection qui ne vient pas, je ne tiens plus en place. C'est à cette époque que je découvre les vertus apaisantes du chocolat, pas forcément recommandé dans mon état, mais c'est tout ce que j'ai trouvé pour patienter plus sereinement.

Finalement, c'est Bernard, mon mari, qui met fin à mes angoisses avec un simple coup de fil.

— C'est *Un jardin sur la terre* qui représentera la France à Dublin le 3 avril prochain ! Alors… heureuse ?

Heureuse ? Ah ça oui, je pense que je le suis, mais aussi bizarrement déçue. À la minute même où j'aurais dû sauter au plafond de joie, je me surprends à faire un blocage sur la date du concours !

Le 3 avril… soit trois semaines avant la date prévue de mon accouchement ! Pour la première fois que j'arrive première à une sélection, le destin m'interdit d'assister à la suite. Zut, crotte et flûte ! Défense de prendre l'avion, et encore moins le bateau à moins d'un mois de la naissance du bébé.

Je vais donc devoir assister au grand prix de l'Eurovision 1971 devant mon poste de télévision, et trépigner à distance en attendant le résultat des votes avec mes parents et ma fille Raphaëlle, puisque mon mari ne manquera certainement pas de représenter la maison d'édition là-bas, à Dublin.

Il y a néanmoins du positif dans la préparation de cette belle aventure. Bénéficiant d'une jolie notoriété grâce à mon parcours de chanteuse, je suis souvent invitée, en tant que compositeur de la chanson qui représentera la France au Grand Prix, à me joindre à Serge lors des émissions promotionnelles de ce dernier.

Autant d'occasions aussi de faire mieux connaissance avec lui.

D'abord professionnellement, en nous retrouvant parfois dans le bureau de mon mari chez Tutti. C'est là que nous commençons à égrener l'un et l'autre nos œuvres respectives autour d'un piano et que l'idée nous vient naturellement de commencer à travailler ensemble ; ensuite, c'est au restaurant que nous nous retrouvons parfois pour des dîners plus informels qui se prolongent immanquablement jusqu'à l'aube.

Afin de joindre l'utile à l'agréable, Serge me propose de venir dîner avec lui un soir – je devrais dire une nuit – après que nous avons participé et chanté ensemble dans l'émission tardive que Jean-Louis Foulquier anime quotidiennement sur France Inter en direct de la maison de la radio : « Studio de nuit ».

Nous sommes à quelques jours seulement de l'Eurovision. C'est vers 2 heures du matin que nous investissons le seul restaurant du quartier qui accepte encore des clients après minuit. À partir de là, nous ne verrons plus passer le temps. S'il a existé un jour des barrières entre Serge et moi, je crois pouvoir affirmer qu'elles sont tombées définitivement durant ce dîner-là.

*

En plus des talents artistiques qu'on lui connaît, je découvre, au fil de la conversation, que Lama possède aussi celui de faire parler l'autre, et de l'écouter aussi. Il veut tout savoir de moi, mon enfance, mon parcours, mon mariage, ma vie, mon œuvre… et bizarrement, comme si nous nous connaissions depuis toujours, je me confie spontanément à lui comme je l'aurais fait au frère aîné que j'ai toujours rêvé d'avoir.

Ma curiosité naturelle n'est pas en reste car, en retour, mon interlocuteur ne se montre pas avare de confidences. C'est ainsi que, le beaujolais aidant, j'apprends qu'il est marié à son ancienne attachée de presse, Daisy. Il l'a rencontrée pendant la longue convalescence qui a suivi son accident de voiture, accident dans lequel il a perdu sa pianiste qui était aussi celle de Barbara, Liliane, avec laquelle il projetait de se marier. La vie en a décidé alors autrement et c'est Daisy qu'il a fini par épouser. Il pensait que le grand amour, tel qu'il l'avait connu, n'arrivait qu'une fois, et que la grande tendresse et la patience que lui témoignaient Daisy suffiraient à son nouveau bonheur.

Serge a aussi l'art de réserver ses effets… Quelques verres plus tard, il me confie que, parallèlement, il est tombé amoureux d'une autre femme : Michèle, rencontrée en vacances au Club Med. Il m'avoue vivre dans un enfer de mensonges depuis bientôt deux ans. Mais impossible pour lui de quitter Daisy, toujours présente dans les moments difficiles de sa reconstruction, que ce soit sur le plan physique, moral ou professionnel, impossible de lui faire la moindre peine. Tout aussi impossible pour lui de vivre avec Michèle, au bord du divorce, mais encore mariée. Pourtant, leurs sentiments sont réciproques. Inextricable situation.

Je suis bouleversée par les révélations de cet homme dont j'ignorais encore tout quelques heures plus tôt. Une petite phrase m'émeut plus particulièrement, que Serge s'obstine à employer à plusieurs reprises, comme pour appuyer son récit et me faire prendre conscience de la gravité de sa situation.

— Je suis malade… je suis malade…

Il m'explique qu'il ressent ce mal-là chaque fois qu'il quitte Michèle pour retrouver Daisy, ou inversement, comme un poing qui le frapperait en plein milieu de la poitrine, à l'endroit qu'on appelle le plexus solaire.

— Je suis malade… complètement !

Et Serge de joindre le geste à la parole, en pointant l'index sur son torse, ce qui me laisse un sentiment d'impuissance totale. Pourquoi m'a-t-il confié tout cela ? Et pourquoi moi ? On est bien loin de l'Eurovision, du *Jardin sur la terre*, et de tout ce qui occupe habituellement nos esprits. Vers 5 heures du matin, à l'heure où Paris s'éveille, nous n'ignorons plus grand-chose l'un de l'autre, à tel point que Serge me demande de mentir, moi aussi, à Daisy, dans le cas où je la croiserais le lendemain et qu'elle ferait allusion à notre dîner.

Parce qu'à cette heure plus que tardive, c'est Michèle qu'il va rejoindre.

— Si ça ne t'ennuie pas... on est allé manger une soupe à l'oignon en sortant d'ici vers 5 heures et on est restés ensemble jusqu'à 7 du mat'... OK ?

OK, mon cher Serge ! Mais sache bien que je déteste ce genre de situation et tous les mensonges qui vont de pair !

Fort heureusement, je n'aurai pas à mentir le lendemain car Daisy ne me posera aucune question. Et j'avoue que cela m'a bien arrangée.

*

6 heures du mat' j'ai des frissons...

C'est en pénétrant chez moi au petit matin dans mon appartement-grenier de Taverny, aménagé depuis mes 18 ans au-dessus du garage paternel et dans lequel je vis toujours avec mon mari et ma fille, qu'il m'arrive une chose extraordinaire.

En traversant le couloir qui mène à la chambre, j'éprouve l'étrange sensation que mon piano m'appelle. Comme cela ne m'est jamais arrivé, je crois bon de m'y asseoir. Dès que c'est fait, c'est comme si deux fils invisibles, tenus par un marionnettiste, guidaient mes mains jusqu'au clavier. Tandis que je repense à la soirée que je viens de passer avec Serge, son histoire d'amour déchiré resurgit, intacte, avec des images et quelques mots. Juste trois mots qui valsent encore dans ma tête... *je suis malade... je suis malade...* et le miracle va se réaliser sous forme d'une succession de notes qui jaillissent de nulle part.

Oubliés mon mari et ma fille qui dorment à côté, oubliés mes voisins du dessous, en l'occurrence mes parents, tandis que je me laisse emporter par la mélodie qu'un ange m'a soufflée, ce que d'aucuns appelleront l'inspiration, puis tout s'enchaîne le plus naturellement du monde sous mes doigts. Un couplet, un refrain, comme s'ils avaient toujours existé, qui viennent et reviennent encore, comme des vagues, jusqu'à ce que je comprenne que cette mélodie-là va me rester en mémoire sans que je n'éprouve le moindre besoin de l'enregistrer sur le magnétophone qui est pourtant à portée de main.

Il faut absolument que je fasse écouter cette musique à Serge. Surtout bien choisir le moment. Parce que je sais que ce qui vient de m'arriver est très important. Mais là, j'ai vraiment sommeil !

3 avril 1971

— Monaco… *Five points*… France… *One point*…

Ah, pour ça, des points, nous en avons eu ! Mais un par un, tandis que Monaco s'envolait cinq par cinq vers la victoire.

Et voilà ! C'est raté pour nous tandis que le Rocher l'emporte… La chanteuse Séverine vient de gagner le grand prix de l'Eurovision avec la chanson de Jean-Pierre Bourtayre, *Un banc, un arbre, une rue* et notre *Jardin sur la terre* est arrivé péniblement à la douzième place.

Il faut dire que Lama nous a prévenus, la veille, du mauvais climat qui régnait autour de lui durant les répétitions. Avec l'intime conviction que l'idée d'organiser le prochain grand prix de l'Eurovision à Paris l'année suivante n'emballait pas vraiment le staff français. Il avait même entendu quelqu'un lui souffler : « Pas la peine de se prendre la tête vu qu'on n'aura jamais les moyens de produire cette manifestation chez nous ! » Même sentiment pendant les répétitions bâclées avec le chef d'orchestre Franck Pourcel.

Pas le temps de recommencer autant de fois qu'il eût été nécessaire. Un coup d'épée dans l'eau.

Enfin... pas pour tout le monde ! Pour conjurer le sort qui ne nous a pas été favorable, c'est à dater de ce jour que nous décidons justement, Serge et moi, de mettre en route notre future collaboration.

Un bouleversement n'arrivant jamais seul, Serge en profite pour mettre un peu d'ordre dans sa vie. Il laisse son appartement à Daisy pour emménager dans un plus grand qu'il vient d'acheter pour lui avenue de Versailles, dans le XVIe arrondissement. Quant à Michèle, elle gardera le sien. Chacun chez soi, pour le moment.

Mais, comme si les choses ne devaient pas s'accomplir comme nous le souhaitions, quelques événements viennent nous empêcher de travailler ensemble aussi rapidement que prévu : la naissance de mon fils avec dix jours de retard, provoque des changements dans mon quotidien, surtout que je suis engagée à partir du mois de juin pour chanter quatre mois durant, sans un jour de relâche, dans le grand restaurant cabaret du premier étage de la tour Eiffel. Aussi j'envisage de quitter par la même occasion le grenier familial de banlieue, devenu trop petit, pour nous installer plus confortablement dans Paris. Parallèlement, Serge doit partir sur les routes de France pour honorer une tournée signée de longue date. Il nous faudra donc attendre la rentrée pour nous retrouver afin d'organiser un vrai plan de travail.

Cela ne m'empêche pas, durant l'été, d'engranger mélodie sur mélodie, comme si la simple idée d'être chantée par Serge donnait des ailes à mon piano.

Avec toujours en tête cette première mélodie faite sur mesure et qui ne me quitte pas...

J'en profite aussi pour parfaire mon éducation en matière de Lama dont je connais encore mal la discographie. À la fin du mois d'août, je suis devenue incollable concernant ses trois premiers albums et croise les doigts pour figurer sur le prochain.

Rendez-vous est pris en septembre dans le nouveau bureau de mon mari, au sous-sol des éditions Tutti qui ont déménagé rue Saussier-Leroy, une petite rue du XVIIe arrondissement. Ce jour-là, mon mari Bernard doit y recevoir un journaliste qui souhaite nous rencontrer, Serge et moi, mais manifestement, celui-ci est en retard ou a oublié le rendez-vous. Pour patienter, Lama suggère que je me mette au piano pour lui faire écouter les chansons que j'ai déjà composées pour quelques interprètes, en l'occurrence Sylvie Vartan ou Claude François, ce à quoi je me plie volontiers. Deux ou trois chansons plus tard, je pense le moment bien choisi pour montrer enfin à Serge quelques-unes des musiques que j'ai composées pour lui, ce à quoi il adhère avec enthousiasme.

Depuis l'inoubliable nuit où mon piano m'a « appelée », je n'ai qu'une idée en tête : lui faire enfin écouter la mélodie que son histoire m'a inspirée, mais je ne veux surtout pas lui faire part de la raison qui m'a fait composer cette musique. Pourquoi ? Je ne sais pas, mais j'ai décidé qu'il en serait ainsi. C'est donc d'un air apparemment détaché que je lui lance un « Ah tiens… je pense que j'ai un truc pas mal à te faire écouter… » C'est parti !

C'est un Lama attentif, grave, concentré et silencieux qui s'approche et s'accoude face à moi, près du mur, sur le piano droit. Je sens son regard perçant posé tantôt sur moi, tantôt sur mes doigts qui courent sur le clavier.

C'est à grands renforts de *la la la la la… la la la la la…* empreints de bons sentiments que j'entame un premier, puis un second couplet. Puis j'enchaîne sur le début de mon refrain, toujours sans lâcher les trois mots qui me brûlent les lèvres et colleraient parfaitement sur la mélodie…

C'est alors que Serge m'interrompt d'un geste de la main et s'adresse à mon mari qui vient de nous rejoindre discrètement :

— Bernard... tu aurais du papier et un crayon, s'il te plaît ?...

Puis à moi, comme un ordre impératif :

— Vas-y, recommence depuis le début...

Ce à quoi j'obtempère sans poser de questions, pour ne pas troubler ce qui me paraît être un moment important, tandis que Serge vient de s'installer près de moi sur une chaise avec bloc et stylo.

Avec le recul, je crois que jamais je n'ai ressenti une telle tension. Deux heures durant, je vais chanter et rechanter les *la la la la la* de mes couplets, puis ceux du refrain, obéissant aux ordres, comme si on appuyait sans relâche sur la touche *rewind* d'un magnétophone, à part que c'est moi qu'on rembobine. Et Serge écrit, écrit... deuxième couplet... puis de nouveau j'ai droit au « Vas-y, recommence ». Troisième refrain. Par deux fois, il va me demander de rechanter mes *la la la la* en entier pendant qu'il se relit. Je suis vidée !

— Vas-y, rejoue-moi la fin...

Je ne sens plus la moitié de mes doigts, mais tant pis, je sais que c'est pour la bonne cause !

Après avoir joué ladite fin, c'est le silence qui s'installe entre nous. Lourd, pesant... Longtemps, Serge va continuer d'écrire sans rien me demander de plus. Il recopie « au propre ». Des minutes interminables durant lesquelles je vais rester prostrée devant mon clavier, n'osant dire un mot ou tenter de regarder ce qu'il écrit, de peur que mon tyran me soupçonne d'avoir tenté de tricher.

Mille questions se bousculent dans ma tête. A-t-il aimé ? A-t-il reçu ma mélodie en plein cœur, tout comme j'ai ressenti moi-même au plus profond de moi le récit de ce moment de sa vie qui m'a incitée à la composer ? Quels mots a-t-il pu écrire sur mes notes ? Je piaffe d'impatience de découvrir enfin ses paroles, mais n'en laisse surtout rien paraître. L'espace d'un moment je me sens telle l'esclave qui attend le bon vouloir du maître. Trop peur de briser la magie.

Puis, comme s'il s'éveillait d'un joli rêve, ou d'un cauchemar, c'est avec un large sourire que Serge me demande de changer la tonalité de la chanson, afin qu'il puisse me la chanter à son tour, avec sa voix et ses mots. En *do* mineur ? Oui ça me semble bien en *do* mineur car entre nous, pas trop de dièses ni de bémols, ça m'arrange.

— Vas-y, fais-moi une intro !

D'accord, Serge, je te fais une intro !

Je ne rêve plus, je ne fume plus
Je n'ai même plus d'histoire
Je suis sale sans toi, je suis laid sans toi
Je suis comme un orphelin dans un dortoir...

Mes doigts s'envolent, puis c'est au tour de ma musique et de celle de ses mots de ne plus faire qu'un. J'ai conscience de vivre un moment d'une intensité exceptionnelle.

Je suis malade, complètement malade
Comme quand ma mère sortait le soir
Et qu'elle me laissait seul avec mon désespoir
Je suis malade...

Merci mon Dieu ! Aujourd'hui, je crois aux miracles !

... Malade, cerné de barricades...
T'entends je suis mala – a – de

Silence. Un terrible silence. Pour moi c'est « Silence on pleure ». Je ne suis plus Alice Dona, le compositeur musclé de Delanoë. Je suis juste redevenue, le temps d'une chanson, Lily-la-midinette, l'auditrice lambda, et je suis littéralement bouleversée par ce que je viens d'entendre. Et pourtant c'est moi qui en ai composé la musique !

Serge, manifestement aussi ému que moi, a passé son bras autour de mes épaules et m'étreint en m'embrassant de toutes ses forces. Décrire ce qui se passe en nous à ce moment précis restera à jamais impossible.

Comment a-t-il pu mettre les mots exacts sur des notes qui n'attendaient rien d'autre que ceux-là ? Il y a une telle communion entre nous que soudain plus rien n'existe autour. Nous savons maintenant que nos destins sont liés et que rien ni personne ne pourra nous enlever ce sentiment-là. Notre « collaboramitié » est née.

Dans la foulée, nous écrivons ensemble dans le nouvel appartement que je loue à Montparnasse une chanson inspirée d'un film d'Elia Kazan, *Comme Gwendoline dans l'arrangement*, cette dernière côtoiera notre infortuné *Jardin sur la terre* sur l'album « Superman ». Une certaine façon pour Serge d'annoncer à son entourage et aux médias que je viens de faire mon entrée dans sa vie d'artiste.

Puis c'est dans l'appartement désespérément vide de l'avenue de Versailles que nous allons accoucher ensemble des quelques chansons qui compléteront l'album rouge suivant de « Je suis malade », qui ne paraîtra qu'au début 1973, à savoir *Le Gibier manque et les Femmes sont rares*, *La Chanteuse a 20 ans*, *L'Enfant d'un autre*, *Mariages d'un jour*.

En 1974, l'album « Chez moi » atteint dès sa sortie des records de ventes inespérés. Puis c'est celui de « La Vie Lilas » qui vient confirmer, si besoin était, l'ascension de Serge vers les sommets du vedettariat.

En 1976, c'est à mon tour ! Avec la complicité de mon mari, Lama décide de me faire reprendre du service en m'écrivant des chansons sur mesure pour un premier album qui sera suivi de bien d'autres. Il me convaincra aussi de remonter sur scène d'abord en première partie de ses spectacles, durant ses tournées. Un privilège rare qui consiste à chanter devant cinq à six mille spectateurs tous acquis et enthousiasmés de nous voir réunis, le temps de chanter en duo la chanson qu'il a écrite pour moi, *L'Antistar*.

Plus tard, il sera assis au premier rang de l'Olympia lorsque j'y passerai pour la première fois en vedette.

Serge, l'ami fidèle, mais jamais Lama l'amant, contrairement à ce que d'aucuns ont pu s'imaginer. L'amour que nous avons fait en unissant paroles et musiques et la jouissance après les avoir écrites fut certainement plus intense que tout acte sexuel qui aurait pu survenir entre nous.

Quelle joie, et quelle fierté de contempler, bien des années après, cette belle couvée de tous nos enfants-chansons !

Quels que soient le temps, la distance, le chemin de nos vies respectives et tout ce qui pourrait nous séparer, Serge reste à jamais l'épaule sur laquelle je sais que je peux m'appuyer, à toute heure du jour ou de la nuit ; mon éternel complice et le frère aîné que je n'ai jamais eu. Le plus secret aussi, malgré sa langue qui ne sera jamais de bois, son rire insupportable et son enthousiasme naturel, son appétit de vie, son angoisse de la mort et son amour contagieux de la scène et du public.

Il m'a appris à mieux me connaître, à progresser aussi, à toujours faire les bons choix, que ce soit professionnellement ou dans ma vie de tous les jours.

Pour le reste… tout ce que l'on voudrait apprendre de lui a été dit dans la presse ou écrit par lui dans certaines de ses chansons ou de ses poèmes, à condition de savoir lire entre ses lignes.

À cette époque, Lama est définitivement la plus belle de mes rencontres.

Parce que grâce à lui, je vais en faire bien d'autres…

Parenthèse 3

Depuis la naissance de mon fils, en mai 1971, et la rencontre avec Lama, je n'arrête plus de composer. Et on m'avait même offert l'occasion de remonter sur scène.

J'avais été engagée pour chanter quatre mois d'affilée, de juin à septembre, sans un jour de relâche, au restaurant panoramique du premier étage de la tour Eiffel, avec Michel Mallory. Nous proposons un spectacle pendant le dîner des touristes, chantons un peu de nos propres compositions – ce qui semble n'intéresser personne –, et avons adapté le reste à la demande, à savoir la reprise de succès français connus à l'étranger, comme My way *(*Comme d'habitude*),* What now my love *(*Et maintenant, *de Bécaud),* La Vie en rose, *et autres Chabada du film* Un homme, une femme.

Parallèlement, j'ai dû reprendre des cours de danse et de claquettes pour évoluer au milieu des six danseurs et danseuses de la troupe de la tour Eiffel. Et perdre dix kilos ! Je me sens fin prête pour prendre la suite de Line Renaud à Vegas !

Comme Michel Mallory est auteur, et que Serge Lama n'est pas jaloux, ce dernier nous a proposé de venir travailler chez lui à deux pas. C'est donc là que nous nous retrouvons parfois l'après-midi, Mallory et moi, pour écrire quelques chansonnettes avant de nous rendre ensemble à notre spectacle du soir.

C'est ainsi que nous écrivons notre première chanson en collaboration pour Sylvie Vartan, Riche, *et une autre que nous envisageons de montrer à Joe Dassin :* Le Général a dit.

Une nouvelle fois, le hasard va bien faire les choses. C'est en allant frapper à la porte chez Joe, rue d'Assas, pour lui faire écouter notre chanson que j'ai une jolie surprise : Claude Lemesle en personne m'ouvre la porte, aussi surpris que moi de nous trouver face à face.

J'avoue que je n'ai pas encore appris ce réflexe qu'ont beaucoup de nos confrères de regarder au dos des pochettes de disques pour savoir qui a écrit quoi. Or, Claude va m'emmener de surprise en surprise en m'énonçant la liste des chansons qu'il a écrites pour Dassin, parfois avec Pierre Delanoë, et dont certaines sont déjà de grands succès.

J'éprouve l'étrange impression d'avoir évolué jusqu'à ce jour dans un cercle qui s'est transformé en spirale puisque voilà que nos chemins, qui semblaient s'être séparés depuis notre mémorable traversée sur Le France, *se croisent à nouveau, mon cher Claude.*

Alors oui, c'est promis, on ne se perd plus de vue et on va travailler ensemble !

7
Dalida

Bruno Gigliotti... *A priori*, ce nom à consonance italienne n'évoque rien de particulier chez le Français qu'on dit moyen. Pourtant, chacun a entendu parler au moins une fois de ce personnage haut en couleurs dans le milieu de la chanson, plus connu sous l'appellation contrôlée de « Orlando – le frère de Dalida ». Pour la petite histoire, Bruno, l'artiste, a pris pour pseudonyme le prénom de son frère aîné.

C'est en 1963 que nous faisons connaissance, lui et moi, lors d'une tournée mémorable avec Los Machucambos, Pierre Perret et d'autres encore. À l'époque, Bruno a entamé une carrière de chanteur et sa personnalité est telle qu'il ne passe jamais inaperçu. Particulièrement stressé de nature, peur des courants d'air, du trop chaud, du trop froid malgré l'écharpe rouge qu'il arbore en permanence pour protéger sa voix, exubérant, parfois excessif, on n'entend et on ne voit que lui virevolter dans les coulisses avant le spectacle. Un timbre et un accent roulant les *r* qui ne sont pas sans rappeler ceux de sa déjà célèbre sœur, Dalida. Un inconvénient pour Bruno qui, dès qu'il se met à chanter, engendre immanquablement la comparaison de la part du public.

Son succès personnel n'étant pas à la hauteur de ses espérances, Bruno déchante très vite et choisit de travailler plutôt dans l'ombre des projecteurs, comme directeur artistique, producteur, éditeur, réalisateur, manager ; il fera tout pour cette sœur qu'il n'aura de cesse de vouloir mener toujours plus haut, là où les stars deviennent parfois des mythes de leur vivant, ce qui sera le cas pour Dalida.

Bien qu'elle et moi nous sommes croisées maintes fois de loin sans jamais prendre le temps de faire vraiment connaissance – Dalida étant toujours très entourée –, le premier vrai contact se fait par téléphone alors que l'album rouge de Lama commence à faire parler de lui grâce à une chanson qui sévit sur les ondes : *Les P'tites Femmes de Pigalle*, *Je suis malade* étant en play-list d'attente, à notre grand regret, à Serge et à moi.

C'est sans compter sur la bonne fée qui va faire un détour par la rue d'Orchamp, une petite sente de la butte Montmartre.

— Allô... Alice chérrrrie, tu vas bien ?... ne quitte pas, je te passe Dalida !

Quelques avantages, avec Orlando : on l'identifie tout de suite au téléphone, et ses questions n'appellent pas forcément de réponse vu qu'il semble constamment pressé, ce qui évite de s'éterniser dans de longs discours.

Et Dalida de prendre le relais plus sereinement pour m'expliquer qu'elle écoute l'album « extrrrraorrrrdinairrre de Serrrge » en boucle chez elle du soir au matin. Or, une chanson en particulier a retenu toute son attention parce qu'elle est toute chamboulée chaque fois qu'elle l'écoute. Elle la trouve « magnifique, merrrveilleuse, la musique est grrrandiôse... » (les superlatifs ne manquent pas), comme faite pour elle, et tient à ce qu'elle figure absolument sur la face A de son prochain single.

— Mais est-ce que Serrrge serrra d'accorrrd ?

Mais bien évidemment que Serge sera d'accord, ma chère Dali ! Vu le succès qu'elle a déjà remporté en reprenant *Avec le temps* de Léo Ferré, je ne vois pas pourquoi elle essuierait un refus de Lama pour qu'elle interprète à son tour notre *Je suis malade*. Du pain bénit, aussi, pour les auteurs, ne soyons pas hypocrites !

Alors vont commencer les séances de training avec Dalida, le plus souvent précédées d'un grignotage-papotage entre filles dans la cuisine de sa grande maison. À l'opposé de l'image que je m'étais faite de Dali par le biais de la télévision ou de la presse, à savoir une grande silhouette, fortement charpentée, autoritaire, d'apparence solide, je découvre une femme presque frêle, douce, de taille moyenne, intelligente, cultivée, passionnée d'art, de littérature et d'ésotérisme, capable de drôlerie autant que de retenue et de discrétion. Un vrai régal que ce temps de la découverte.

Comme nos rendez-vous de travail se déroulent le plus souvent dans la journée, j'ai la chance de ne pas avoir à partager Dalida avec la cohorte des fidèles de son staff composée le plus souvent de membres de la famille ou d'amis proches d'Orlando. Je bénéficie aussi du privilège de la faire répéter le plus souvent en tête à tête, autour du grand piano blanc du salon. Seul Bruno, toujours soucieux du travail bien fait, vient parfois interrompre nos séances pour signifier discrètement à Dali de presser le mouvement afin de ne pas être en retard à son prochain rendez-vous.

Six mois à peine après la sortie du fameux album rouge de Serge, le single, rouge lui aussi, de Dalida débarque en radio et fait aussitôt l'unanimité chez les programmateurs.

Après que ceux-ci ont découvert que le *Je suis malade* de Dalida n'est autre qu'une reprise de l'un des titres de l'album de Lama, ils se feront même un malin plaisir à programmer l'un et l'autre en alternance sur leurs antennes – ce qui donnera une double chance de succès à notre chanson fétiche. D'autant que les deux interprètes ne vont pas manquer d'inscrire illico la chanson à leur répertoire scénique, remportant chacun un triomphe à leur manière. Dalida choisit le registre de la dramaturgie et de la désespérance. Serge, plus en retenue, va avoir une idée de génie en se détachant du micro pour terminer la chanson *a capella* dans le plus religieux des silences, ce qui a pour effet de déclencher l'hystérie collective au sein du public.

Inutile de décrire la satisfaction intense que l'on ressent quand on a composé une mélodie, que ses interprètes la promènent de ville en ville, de pays en pays, et qu'elle rencontre à chaque fois le même enthousiasme de la part du public. Je connaîtrai ainsi le bonheur de partager des moments d'une intense émotion en me mêlant parfois aux spectateurs pour aller applaudir « mes deux stars à moi » au hasard de leurs tournées respectives.

Ce que j'apprécie chez Dalida, à dater du moment où elle me chante, c'est ce sentiment que la porte de sa maison m'est désormais ouverte en permanence, comme si je faisais partie de sa famille de cœur. Un avantage dont je profite parfois quand elle m'invite à me joindre à sa bande de La Butte pour partager un bon repas chez elle ; elle vient aussi chez moi, pour des dîners en comité restreint auxquels Serge participe volontiers. Parfois nous nous retrouvons au restaurant Da Graziano, sa cantine du Moulin de la Galette, où elle a sa table réservée à l'année avec son amie Anouk Aimée, ou encore au petit bistrot-piano-bar Coin de rue que l'ami Pascal Sevran (un ancien, comme moi, du « Petit Conservatoire » de Mireille) va ouvrir à deux pas de chez elle et où les repas finiront toujours par des chansons – le plus souvent celles de nos parents, inscrites pour toujours dans notre mémoire d'enfant.

À mon grand étonnement, et à l'opposé de la gaîté ambiante de ces folles soirées sur la Butte, parmi les chansons que je vais être amenée à écrire pour Dali, cette dernière optera toujours systématiquement pour les titres les plus graves et les sujets les plus douloureux, à savoir ceux qui parlent de la foi (*Oh seigneur Dieu pourquoi m'as-tu abandonnée*, avec Lama), des déchirements amoureux (*Comme si tu étais là*, avec Michèle Vendôme), ou de la solitude (*Tables séparées*, avec Pascal Sevran).

Autant de choix qui auraient dû nous alerter sur son mal-être secret et tous les doutes qui la hantaient au quotidien. Mais rien – en dehors de la scène où Dalida se laissait aller à confier à son public ses douleurs et ses blessures les plus intimes –, non, rien ne laissait jamais à penser, pour les gens comme moi venus de l'extérieur, que cette femme souffrait au plus profond d'elle-même dans sa vie de tous les jours, tant elle avait à cœur de toujours donner à ses relations une image d'elle résolument positive.

Dalida-bigoudis faisant le clown sur le plateau télé des Carpentier ; Dalida version Marlène Dietrich en bas résille et chapeau-claque sur la scène du Palais des Sports ; Dalida version Zizi Jeanmaire en meneuse de revue descendant le grand escalier escortée de ses boys ; Dalida version *Maisons et jardins* à Montmartre, fière de me faire découvrir ses rosiers en fleurs ; Dalida version Maria Callas en fourreau long noir pailleté lançant un dernier cri, dans un rappel déchirant avec *Je suis mala... a... deu.*

Mais où se situait vraiment Iolanda Gigliotti dans ce défilé de personnages ? Une question que je me suis souvent posée jusqu'en mars 1987.

Je n'oublierai jamais ce moment durant lequel je vais lui faire écouter la chanson qui m'a été inspirée par le rôle qu'elle joue dans *Le Sixième Jour* – le film qu'elle vient de tourner avec le réalisateur Youssef Chahine. Elle y apparaît dépourvue de tout artifice, coiffée d'un foulard noir, dans une robe sombre qui dissimule ses jolies formes.

Je me dis que c'est peut-être là l'occasion rêvée pour elle de mettre au placard strass, paillettes et artifices pour laisser place à une plus grande sobriété. Dalida est une immense interprète et mérite qu'on l'écoute plus attentivement. C'est ce que je ressens au plus profond de moi en me rendant au rendez-vous qu'elle m'a fixé rue Damrémont, dans les bureaux de Bruno.

Ma chanson a pour titre *Fatiguée.*

Lorsqu'elle a fini de l'écouter, assise près de moi sur le banc du piano droit, Dalida pose sa tête sur mon épaule et s'effondre en larmes, avant de m'entourer tendrement de ses bras et de se confondre en excuses.

— Mon Alice, pardonne-moi. Ta chanson est magnifique, mais je crois qu'elle est vraiment trop proche de ma réalité, aujourd'hui. Je serais dans l'incapacité actuellement de la chanter jusqu'au bout. Alors je t'en prie, promets-moi de la conserver précieusement et je te promets de la chanter… mais plus tard.

Le 4 mai 1987

J'ai toujours tenu ma promesse et j'ai gardé la chanson. Mais Iolanda Gigliotti n'a pas tenu la sienne. Elle a décidé de nous quitter quelques semaines après ce qui restera notre dernier rendez-vous.

Alors personne ne chantera jamais :

Fatiguée, mais alors fatiguée
Devant ce rideau rouge qui s'ouvre sur ma peur
Avec mes yeux brûlés aux feux des projecteurs
Et ce ressort cassé à la place du cœur
Fatiguée, mais alors fatiguée
De jouer les divas derrière un téléphone
Avec le sentiment de n'être plus personne
Et découvrir l'hiver sans avoir vu l'automne…

8 et 9

Carlos et Joe Dassin

Je viens de passer une période que je qualifierai de légère, bien que je n'aie pas trop vu le jour depuis un mois entre les journées d'écriture avec Claude Lemesle et les séances d'enregistrement en studio qui ont suivi avec l'ami Carlos.

Nous sommes tous très fiers de cet album concept de « Une journée de Monsieur Chose » qui, nous l'espérons, fera peut-être l'objet d'une comédie musicale sur scène. Hormis le personnage central incarné par Carlos, les différents intervenants ont pour nom Joe Dassin, pour lequel j'ai récemment composé ; Joëlle, du groupe Il était une fois, Claude Lemesle, Pierre Delanoë et... votre servante. Excusez du peu !

En tout, ce fut un mois chantant entrecoupé de douces rigolades et de dîners tardifs prolongés parfois jusqu'à l'aube. Le temps nécessaire aussi pour faire, sans mauvais jeu de mots, plus ample connaissance avec Carlos que j'ai découvert. Drôle, bien sûr, comme je m'y attendais, mais surtout sensible, intelligent et extrêmement cultivé, à mille lieues de l'image que je me faisais de lui à travers cette maudite étiquette de « rigolo de service » qui lui colle à la peau depuis des années déjà.

Je vais avoir maintes fois l'occasion de croiser à nouveau Carlos sur ma route. Étrangement, nos rencontres auront lieu à des moments charnières de nos vies ou de nos carrières respectives, notamment lors de l'été 1980, alors que je file le parfait amour avec le compagnon de ma « seconde vie », Laurent Boyer, et que ce dernier vient de me faire découvrir l'île de Noirmoutier.

Carlos est alors en tournée avec le podium géant d'Europe 1 et n'a rien trouvé de mieux que de séjourner sur l'île tant que ses spectacles se dérouleront dans la région. C'est ainsi que nous le retrouvons chaque matin à son hôtel et passons une bonne partie de la journée ensemble. De jolis souvenirs de moments paisibles et délicieux. Jusqu'au jour où...

Le 20 août 1980

Le patron du restaurant qui nous héberge, Laurent et moi, dans une de ses chambres d'amis vient de me réveiller brutalement et m'informe que Carlos vient d'appeler, qu'il nous rejoint tout de suite. C'est très important, paraît-il.

Ni l'horaire, ni la façon de faire ne correspondent aux habitudes de notre ami et une légère angoisse m'étreint aussitôt, accompagnée de questions. À peine cinq minutes plus tard, Carlos est en train de tambouriner à la porte et je lui fais signe par la fenêtre que je descends lui ouvrir, mais je n'en ai pas le temps.

— Joe est mort ! Ouvre-moi vite, c'est terrible, Joe est mort, a-t-il hurlé en sanglotant.

Pour Laurent et moi, il n'y a qu'un seul Joe. C'est Dassin. Or, je sais que ce dernier, après une séparation brutale avec sa seconde femme, passe enfin du bon temps avec ses parents, Jules Dassin et Melina Mercouri, et ses deux enfants à Tahiti en compagnie de notre auteur et ami commun, Claude Lemesle.

C'est un Carlos méconnaissable qui me tombe dans les bras et m'étreint un long moment en silence avant de me faire part du terrible coup de fil qu'il vient de recevoir de Tahiti. C'est Claude qui l'a appelé en pleurant pour lui raconter l'horrible scène qu'il vient de vivre en direct, à savoir le déjeuner durant lequel Joe s'est effondré dans son assiette, terrassé par l'infarctus qui lui a été fatal.

À cet instant précis, je pense à la douleur de Claude qui doit se sentir si loin de nous et si désemparé face à la famille de Joe, et à ses garçons, trop petits encore pour comprendre ce qui s'est passé.

Laurent et moi n'oublierons jamais ce que Carlos parvient à articuler entre deux sanglots :

— C'est tellement injuste que ça tombe sur Joe au moment où il commençait à s'éclater vraiment, à se lâcher, à être enfin bien dans sa peau… Il aurait été bien plus logique que ça m'arrive à moi, avec tout ce que j'ai vu, tout ce que j'ai vécu, tout ce que j'ai bu aussi… Mais pas lui, mon Dieu, pas lui… c'est tellement injuste…

Et l'inconsolable Carlos de s'effondrer à nouveau dans mes bras. On est bien loin du « bon gros rigolo de service ». Comme s'il avait retenu tous les chagrins en lui depuis toujours et qu'il les déversait seulement aujourd'hui. Je ne m'imaginais pas qu'on puisse avoir autant de larmes en réserve. Sensation ridicule.

Ce douloureux souvenir commun ne nous quittera jamais et chaque nouvelle rencontre avec Carlos ne manquera pas de le raviver, pour l'un comme pour l'autre, et de consolider aussi notre mutuelle affection.

Tu nous manques, Jeannot[1]…

---

1. Le vrai prénom de Carlos étant Jean.

10

Régine

Après l'étonnante épopée de « Monsieur Chose » avec Carlos et Joe, je retrouve tout à fait par hasard une ancienne collaboratrice, l'auteure Michèle Vendôme, en même temps que Vline Buggy. Or, toutes deux ont écrit aussi pour Claude François. Le monde de la chanson est bien petit.

Il faut préciser que jusqu'à ce que je compose pour Serge Lama et qu'ensemble nous connaissions un succès populaire, certaines portes de grands chanteurs pour lesquels je rêvais d'écrire restaient obstinément closes à cause de cette maudite étiquette d'ex-chanteuse yé-yé qui me collait encore parfois à la peau.

Même si, comme le clame haut et fort mon cher Pierre Delanoë depuis notre première collaboration, je fais « des musiques de mec », je me suis vue longtemps refuser l'accès à des interprètes tels qu'Yves Montand, Serge Reggiani, Nana Mouskouri, ou Régine. Jusqu'à ce que cette dernière m'appelle pour me proposer d'écrire pour son prochain album, parce qu'elle a entendu « les belles chansons que j'ai composées pour Serge Lama ». Merci, Serge.

La rencontre fortuite avec Michèle Vendôme et Vline Buggy va me permettre de précipiter les choses et d'écrire enfin des chansons sur mesure pour Régine, le quatrième mousquetaire de ce clan de femmes. Cette dernière a manifestement beaucoup aimé *Je suis malade* et souhaite que je compose pour elle « des musiques aussi sublimes avec des textes aussi émouvants ».

Bien sûr, ma chère Régine ! Rien de plus facile ! C'est, en tout cas, ce qu'elle semble penser… Mais comment expliquer à la dame qu'il n'y aura jamais qu'un *Je suis malade*, comme il n'y a eu qu'un *Ne me quitte pas* ou qu'il n'y aura qu'un seul *Avec le temps* ?

Je remercie le hasard qui fait qu'un jour une chanson, plus qu'une autre, va s'inscrire au joli générique du patrimoine musical français. Mais je me rends également compte de la difficulté de poursuivre son travail en toute sérénité, quand une épée de Damoclès, sur laquelle sont gravés les trois mots « Fabricant de succès », plane sur votre tête.

Alors ma chère Régine, toi qui as été sacrée « Reine de la nuit », sache que je ne suis encore qu'un modeste troubadour de la cour et que rien n'est plus difficile que ce que tu me demandes !

Néanmoins je me mets au piano, tantôt avec Michèle, tantôt avec Vline. J'ai même appelé à la rescousse mon Zorro à moi, Lama, pour qu'il n'oublie pas notre *Queen of the night* dans ses prières aux dieux des chansons populaires. J'en oublie même un détail et non des moindres : nous allons débouler dans le répertoire de Régine derrière les *Petits Papiers* de Gainsbourg et après les musiques au style très marqué de Frédéric Botton. Sacré challenge !

Mais nous ne sommes pas découragés pour autant et ferons même délibérément le choix d'une autre option : écrire des chansons dont nous serons juste fiers, sans nous référer au passé, avec des bons textes et de jolies mélodies, tout simplement. Et advienne que pourra. Soit sept au total, d'une qualité que nous n'avons pas hésité à qualifier en toute modestie d'exceptionnelle, traitant de thèmes drôles et tendres, acides et nostalgiques : depuis *Les Amants sont maigres et les Maris sont gras* jusqu'à *La Bonne Adresse pour chiens perdus.*

L'univers de Régine s'impose au visiteur dès que l'on pénètre dans son appartement, au-dessus des bureaux du New Jimmy's à Montparnasse. En plein après-midi on se croirait au milieu de la nuit en avançant dans le silence feutré de l'étroit couloir tapissé de moquette noire épaisse, avec ses murs de laque sombre éclairés de spots savamment dirigés sur des peintures discrètes accrochées ici et là. Puis l'on se retrouve en plein jour dans le grand salon blanc, de la moquette au plafond, des canapés aux meubles de laque et jusqu'au piano.

Régine, elle, est comme on se l'imagine : une longue robe d'intérieur en soie fleurie, plantureuse et cheveux flamme, un bandeau de tissu drapé sur une tignasse à la lionne savamment ébouriffée par son coiffeur personnel. Moins grande malgré tout que je ne l'aurais pensé.

Avant de la rencontrer, si la chanteuse et sa gouaille m'intéressent, le personnage, je l'avoue, me déplaît profondément. Cet univers mondain qui est le sien me semble à mille lieues de l'ambiance si conviviale des petits bistrots de quartier que Lama et moi avons pris l'habitude de fréquenter. Notre seul point commun pourrait être l'heure tardive à laquelle nous regagnons chacun nos pénates respectifs.

Mais, à ma grande surprise, Régine a l'art de trouver les mots qui vous mettent à l'aise et c'est avec beaucoup d'enthousiasme qu'elle accueille les sept chansons concoctées spécialement pour elle. Sans me demander si je suis disponible, elle me planifie d'office sept rendez-vous de travail étalés sur les deux prochaines semaines. Un après-midi complet par chanson, ce qui va me laisser largement le temps de mieux la connaître.

Chez elle, dans la journée, Régine est une femme presque comme les autres, qui sait faire semblant de s'intéresser à vous tout en restant centrée sur ses activités professionnelles, adorant qu'on lui livre les derniers potins de la capitale, ce en quoi je ne vais pas lui être d'un grand renfort. Le soir, dans ses clubs, elle redevient la magicienne de la nuit, menant chacun par le bout du nez, à grand renfort de champagne et de flatteries.

Concernant nos répétitions, le travail s'avère plus ardu que je ne l'imaginais. Régine est assez hostile à certaines règles musicales de base, mais ma patience n'ayant guère de limites, nous passons facilement un après-midi entier sur une seule chanson, reprenant inlassablement la même phrase, le même couplet, jusqu'à ce qu'elle le maîtrise bien. Sa capacité de travail me fascine. De temps en temps, j'ai quand même droit à une pause, pendant laquelle elle m'invite à visiter son dressing, la pièce maîtresse de l'appartement : une grande salle rectangulaire d'environ vingt mètres carrés, uniquement composée de penderies et de placards coulissants aux façades de glace.

— Tu vois, m'explique Régine, ces trois portes-là, ce sont mes chaussures, ces deux-là mes chapeaux, ces cinq-là mes fourrures. Et puis celles-ci mes robes du soir, et là mes tailleurs. J'adore m'habiller, croit-elle bon de préciser.

Deux ou trois répétitions plus tard, sans que je ne le lui aie demandé, elle consent à faire glisser les portes de son vestiaire personnel. Tout y est impeccablement rangé, classé, étiqueté parfois. C'est la quantité qui m'impressionne le plus.

— Oh, je n'ai sans doute porté qu'une seule fois les trois quarts de ces vêtements mais c'est mon luxe à moi. J'ai besoin de regarder tout ça souvent, ça me rassure. Sans doute une vieille revanche à prendre sur mon enfance, ajoute-t-elle en conclusion, comme pour expliquer sa collectionnite aiguë.

C'est vrai, nous sommes loin des immeubles vétustes et des pavés noircis de son vieux Belleville natal.

Durant la répétition suivante, elle a soudain décidé de se faire coiffer tout en continuant notre travail et m'a demandé de la suivre avec mon minicassette dans la grande salle de bains de marbre gris. Cinq minutes pétantes plus tard, coiffeur, manucure et pédicure sont, si je puis dire, à pied d'œuvre, tandis que je m'obstine à lui seriner mon premier couplet, assise dans l'angle resté libre sur un pouf de fourrure avec mon magnéto. Infatigable, elle répète après moi. Entre deux refrains, elle a même trouvé le temps de glisser un mot dans l'oreille de sa secrétaire : une demi-heure plus tard, un mannequin et une modiste se présentent à la porte de l'appartement.

Vision étrange venue d'ailleurs : présentation de la nouvelle collection du chapelier des stars sous les regards blasés du coiffeur et de la manucure-pédicure, le tout dans la salle de bains en chantant en duo à tue-tête.

— Tu comprends, je n'ai pas le temps de courir les boutiques… et c'est plus facile comme ça non ? a-t-elle cru bon de justifier en me jetant un regard plein d'autosatisfaction.

Ah ça oui. Elle a complètement raison. C'est même génial. Je baigne en plein luxe.

Je me prends à délirer et imagine qu'un majordome va apparaître en livrée et qu'il me lancera :

— Madame a terminé la chanson ? C'est parfait. Puis-je conseiller à Madame de me laisser lui organiser son retour ?… La limousine de Madame est avancée… Si Madame veut bien se donner la peine… Ah, surtout que Madame n'oublie pas son chapeau…

Et une Rolls blanche m'attendra au bas de l'immeuble, impeccablement lustrée. C'est Lama qui m'ouvrira la porte, remettra sa casquette de chauffeur et prendra le volant tandis que je m'étirerai voluptueusement sur la banquette arrière en lui ordonnant :

— Monsieur Serge, à la maison s'il vous plaît !

La répétition se termine vers 18 heures. Ce jour-là il pleut à verse. Je n'ai ni chapeau, ni parapluie, ni voiture et il n'y a aucun taxi libre à l'horizon. Heureusement, l'avenue du Maine n'est pas trop loin et c'est en courant sous la pluie battante que je vais rentrer à pied dans mon cinquième sans ascenseur. Trempée !

Après un séjour en studio d'enregistrement au-dessus de Nice qui va durer deux interminables semaines, l'album voit enfin le jour. Durant la période dite de promotion personnelle de la Reine Régine, j'aurai encore droit à quelques démonstrations ostentatoires du pouvoir de la reine de la nuit : un voyage de rêve à Monte-Carlo, deux soirées au Maona's, l'honneur de serrer la main d'Ivanhoë-James Bond-Roger Moore – je préfère Sean Connery, mais on fait avec ce qu'on a –, un dîner somptueux au Reginskaïa avec caviar (que je découvre et que je n'aime pas du tout, mais ça s'arrangera… avec le temps).

Malheureusement la vente de l'album, tout comme sa diffusion, demeureront aussi confidentielles que celui de Carlos. À croire que Régine, qui correspondait pourtant à merveille au ton gouailleur de nos chansons, n'a pas réussi à convaincre son public. Celui-là même qui refuse sans doute d'admettre que paillettes et clinquant ne peuvent pas cohabiter pour engendrer une chanteuse populaire. À moins de faire le chemin inverse, à l'instar de Dalida.

Au total plus d'un an de travail réduit à néant par la seule décision des programmateurs de radio. Une bonne façon de vous ramener sur terre et de garder la tête froide !

11
Serge Reggiani

Envie de retrouver la terre ferme après deux échecs professionnels dans le monde de la fête ou de la nuit et me voilà repartie en quête de nouveaux interprètes.

C'est grâce à mon ami Lemesle que je vais faire la connaissance de Sylvain Lebel, auteur débutant, qui a quelques entrées dans le monde des chanteurs dits « rive gauche ». Depuis des années, je rêve de travailler pour Serge Reggiani, mais malgré mes sollicitations répétées celui-ci n'a jamais consenti à m'accorder un rendez-vous. Il faudra encore une fois le succès grandissant de *Je suis malade* pour que, par l'intermédiaire de Sylvain, je parvienne enfin à me faire ouvrir la porte du célèbre acteur-chanteur, en plein cœur du Marais.

Passé le grand porche de la rue de Sévigné, on se croirait en pleine campagne en franchissant la grille tout au fond de la cour : une vraie maison au milieu d'un vrai jardin potager avec un vrai berger allemand qui veille à ce que n'approchent pas de trop près les visiteurs indésirables.

C'est Annie Noël, la compagne de l'acteur chanteur, qui m'accueille avec un chaleureux sourire et m'invite à la suivre immédiatement dans la cuisine où le maître des lieux est déjà installé. Serge Reggiani, chemise à carreaux de bûcheron sur pantalon de velours côtelé, bien que de taille moyenne, est très impressionnant et comme chaque fois que je suis confrontée à quelqu'un que je ne connaissais que pour l'avoir admiré sur grand écran étant plus jeune, j'ai du mal à me faire à l'idée que je suis là pour lui proposer une chanson et qu'il va peut-être accepter de la chanter.

De plus, je n'ai jamais vu Serge Reggiani sur scène et ne connais de lui, pour l'avoir maintes fois entendue en radio, que la magnifique chanson signée Jean-Loup Dabadie : *Le Petit Garçon*. Pour moi, Reggiani c'est avant tout le partenaire de Signoret dans *Casque d'or* et dans *L'Armée des ombres*, ou de Danielle Darrieux dans *Marie-Octobre*. Que des célébrités chères à mes parents ! À ce moment précis, j'ai du mal à imaginer qu'il va me falloir jouer à armes égales lorsqu'il me faudra « vendre » ma petite chansonnette à ce grand acteur.

Je me sens toutefois plus à l'aise chez lui que dans l'univers de Régine dont j'émerge à peine. Tout ici semble plus simple, plus chaleureux, plus familial, plus abordable. Un bon point aussi pour Serge Reggiani : il fleure bon dans cette maison l'Italie de ses ancêtres, une Italie que nous avons en commun dans nos gènes. Il suffit de voir les jambons suspendus à la poutre maîtresse de la cuisine, ou les cochonnailles, les fromages, le pain de campagne et le vin rouge qui s'étalent sur la grande table de ferme.

Sur les étagères du vaisselier rustique, une multitude de bocaux de confitures et de conserves de légumes respirent le « bio fait maison » avec leurs étiquettes inscrites à la main. Aux fenêtres des rideaux de dentelle confectionnés au crochet. Les placards regorgent de provisions et le réfrigérateur semble bien trop petit pour ce qu'on a entassé dedans. Ici, pas d'employé de maison, pas de signe extérieur de richesse, ni quoi que ce soit qui laisse à penser qu'on baigne dans l'univers parfois clinquant du cinéma.

Chez Reggiani, on se sent « chez lui comme chez moi », me dis-je, après ce premier tour d'horizon.

Tandis que celui que je n'appelle pas encore par son prénom me propose de faire le tour du propriétaire, j'ai la sensation de pénétrer dans un musée. Partout des bibelots, des tableaux, accrochés ou empilés dans un coin, des montagnes de livres qui attendent de trouver une petite place sur les étagères de la bibliothèque déjà pleine à craquer. D'autres ouvrages sont encore emballés dans des cartons comme s'ils se tenaient prêts à être déménagés demain.

Dans le bureau du patriarche s'entassent pêle-mêle ce qui ressemble à des manuscrits, des classeurs, des monceaux de papiers, encore et toujours des livres et quelques magazines posés çà et là... Un véritable capharnaüm où seul peut s'y retrouver celui qui, manifestement, ne souhaite surtout pas que qui que ce soit d'autre que lui entreprenne un jour de faire ici du rangement !

C'est Annie Noël qui occupe la majeure partie de l'autre aile de la maison. Une sorte de hangar-buanderie-garage-atelier d'artiste transformé en « studio à tout faire ». J'apprends qu'Annie sait peindre, dessiner, faire des photos d'art qu'elle développe elle-même, qu'elle a des dons culinaires évidents et confectionne tous ses vêtements et ceux de ses filles. Le terme « fée du logis » semble avoir été inventé pour elle, sans oublier sa passion pour l'écriture de poèmes ou de chansons et ses dons de comédienne. La reine multipiste baba-cool dans toute sa splendeur.

Dans ce petit monde à part qu'il s'est créé, Serge promène un regard apparemment indifférent sur tout ce qui s'agite autour de lui. Même les allées et venues des enfants qu'il me présente au passage ne semblent pas le perturber sur son nuage.

— C'est le piano de Datin, me précise-t-il sur un ton nostalgique lorsque, au terme de notre visite, nous rejoignons le grand piano à queue noir du salon.

Je me souviens aussitôt avoir appris comme tout le monde la disparition du grand compositeur qu'était Jacques Datin, il y a quelques jours à peine, par la radio. Ce dernier avait composé nombre de chansons à succès pour divers interprètes, plus particulièrement pour Lama, et pour Reggiani aussi, d'où l'émotion ambiante qui vient de s'installer.

(Pour la petite histoire, c'est ce piano-là qui servira de décor quand Annie Noël réalisera, trois ans plus tard, la photo de la pochette de mon premier album 33 tours, « L'Antistar »)

Déjà paralysée par celui que j'appelle « Monsieur Reggiani » et qui a résolument adopté le tutoiement à mon égard, j'éprouve le même trac devant ce piano que devant celui d'Édith Piaf, ou celui de Bécaud à Deauville et j'ose à peine m'asseoir devant ce bel instrument qui en a vu d'autres… Heureusement que l'ami Sylvain vient de réapparaître pour me rappeler à la réalité de notre visite : il faut chanter maintenant !

Mais en l'occurrence rien n'est plus difficile car le sujet que nous avons à proposer est lourd, grave et pesant puisqu'il s'agit de Villejuif, une ville de banlieue connue pour y abriter des hôpitaux spécialisés dans le cancer et la folie, les deux maux dont le héros de notre chanson est atteint.

Une envie soudaine de prendre mes jambes à mon cou vient de me parcourir l'esprit. On aurait pu trouver quelque chose de plus léger pour commencer ! C'est ce que je me dis en égrenant les premières notes de la chanson sur le piano de Datin. De plus, la présence de Serge Reggiani dans mon dos qui lorgne par-dessus ses binocles sur le texte ajoute quelque chose d'extrêmement perturbant pour moi.

Quatre minutes comme une éternité pour un résultat qui s'annonce positif et plus que rassurant au final : Serge m'assure l'enregistrement prochain de la chanson, non sans avoir relevé quelques imperfections qu'il tient à faire modifier par

Sylvain dans son texte afin que les mots lui « aillent mieux en bouche ». Oui, d'accord… et ma musique ?

— Mais pour toi c'est parfait ! ajoute-t-il.

Parfait ! Qui dit mieux ? Et si, dans l'instant, j'en suis plutôt flattée, je soupçonne notre futur interprète de s'être montré plus indulgent envers la musique qu'envers les paroles et j'en retiens une légère vexation.

Le temps que je vais passer dans les années à venir à travailler quatorze fois encore avec ce magnifique acteur de chansons m'apprendra que certaines musiques ne doivent servir qu'à porter les mots plutôt que d'écraser ceux-ci avec des mélodies pompeuses capables de les dévaloriser. Favoriser le contenu plutôt que le contenant. Une nouvelle leçon très importante que je vais pouvoir mettre à profit dans mon travail avec l'autre Serge, certains de mes futurs interprètes et bien plus tard, avec les élèves de mes ateliers.

Le seul problème avec Serge Reggiani, c'est le temps qui semble lui être nécessaire avant de s'approprier pleinement une nouvelle chanson et qu'il consente enfin à l'inclure sur scène dans son tour de chant.

C'est ainsi que *Le Monsieur qui passe*, *Ma dernière volonté* et *Le Barbier de Belleville* ne pourront connaître le succès public que deux années après avoir été gravées sur le vinyle. Un inconvénient mais un avantage aussi : une fois que ces chansons ont fait leur entrée dans le répertoire scénique de Serge, elles n'en sont plus jamais sorties. *Grazie tante, signor Reggiani* !

12

Charles Aznavour

J'apprends, peu à peu, à me déplacer sans rester scotchée à mon Lama préféré. C'est ainsi que je me retrouve en plein hiver à Montréal pour une semaine de promotion en vue de la sortie de mon premier album au Québec. J'apprends à ma grande surprise qu'on va me consacrer un show d'une heure, accompagnée par une formation de vingt musiciens. Une espèce de « Grand Échiquier » à la québécoise.

Pour éviter le froid glacial qui règne dans les rues, j'ai appris à me rendre d'un point à un autre en suivant mon plan des galeries marchandes souterraines. C'est en allant « magasiner » avec Harry, l'associé de mon mari, chargé du développement de mon catalogue éditorial à l'étranger, que nous tombons nez à nez avec Charles Aznavour *himself* ! Ce qui ne manque pas de me ramener dix ans en arrière.

La première fois que j'ai eu l'honneur de le voir « pour de vrai », c'était sur le seuil de ma loge à l'Olympia, en décembre 1963, où il était venu me féliciter à l'entracte tandis que ma famille au grand complet encombrait déjà toute la loge et qu'il ne me restait d'autre choix que de le recevoir dans le couloir.

— Excusez-moi de vous déranger, mais je tenais à vous dire que vous avez un réel talent et qu'il faut absolument continuer à composer et à faire de la scène. Vous irez loin, j'en suis persuadé.

Avant que j'aie trouvé quoi que ce soit à répondre, il avait enchaîné :

— Permettez-moi de vous présenter ma fille, Seda. Elle adore vos chansons et tenait à vous embrasser. Merci encore et bravo ! Au revoir !

J'ai embrassé Seda, serré la main que Charles me tendait, mais rien trouvé à bredouiller en guise de remerciement. Les mots ne venaient pas et je l'ai laissé repartir sans qu'il puisse entendre le son de ma voix. Je ne pensais qu'à trouver une chaise où poser mon émotion. Maman, quant à elle, regrettait que je n'aie pas songé à lui demander de signer un autographe sur son programme de la soirée.

Je ne l'ai jamais revu « pour de vrai » avant ce fameux après-midi à Montréal.

Harry, l'associé, qui connaît mieux Aznavour que moi, nous présente à nouveau tandis que je rappelle l'anecdote de l'Olympia à ce dernier.

— Mon Dieu, quelle mémoire ! Je ne m'en souvenais plus. Vous avez composé de magnifiques musiques pour Serge Lama, me lance-t-il, dans la foulée.

Je me dis que les face-à-face avec Charles Aznavour, même s'ils n'ont lieu qu'une fois tous les dix ans, sont placés sous le signe des compliments.

— Venez me voir ce soir à la Place des Arts, cela me ferait très plaisir, je donne un récital en anglais. Je vous fais réserver des places. Ensuite nous irons dîner ensemble. D'accord ?

Pourquoi envisager ne serait-ce qu'un refus, même poli, après une telle proposition ? Se retrouver bien au chaud, dans une salle pleine à craquer de 3 000 spectateurs, à écouter *La Mamma* en anglais, quand il fait moins trente dehors, et savoir que l'on va dîner ensuite avec la star de la soirée… Il y a de quoi se pincer pour se dire qu'on ne rêve pas !

En arrivant en vue de la loge à l'issue du spectacle, je me dis qu'il va falloir nous armer de patience avant que celle-ci ne se vide, à en croire la foule agglutinée tout au long du couloir. Mais, à notre grande surprise, c'est seulement au bout de cinq minutes d'attente que nous sommes invités à pénétrer dans l'antre de l'artiste, tandis que les derniers occupants, pour la plupart des musiciens que je reconnais au passage, prennent congé, nous laissant seuls – Harry, mon mari et moi – face au grand Charles.

— Alors… où m'emmenez-vous dîner, chère Alice ?

Euh… alors là, c'est juste la question que je n'attendais pas !

Lorsqu'une star de cet acabit vous dit : « nous irons dîner ensemble », comment imaginer une seconde que cela sous-entend que c'est vous qui allez l'inviter ? Paniquée et honteuse à la fois de n'avoir pas envisagé la fin de soirée sous la forme d'un dîner à quatre, je lance un SOS du regard à Harry qui me rassure aussitôt. Il va réserver une table au restaurant Les Halles sur Crescent Street, là où nous avons dîné déjà avec Lama lors de notre dernière venue au Québec, un endroit que nous aimons parce qu'on y retrouve cette ambiance conviviale des bistrots parisiens qui nous sont chers.

Mais je me sens quand même gênée de me retrouver en tête à tête avec Charles tandis que les hommes sont partis téléphoner au restaurant. C'est lui qui me met à l'aise en m'offrant un siège et un verre de ce bon vin qu'il se fait toujours livrer dans sa loge les soirs de ses concerts.

— Excellent pour la voix ! Je me gargarise toujours avec un fond de vin rouge juste avant d'entrer en scène, mais il faut qu'il soit très bon ! précise-t-il en tendant son verre pour trinquer avec moi.

C'est en nous invitant à le suivre dans la longue limousine noire aux vitres fumées que Charles, qui a senti le malaise ambiant, croit bon d'apporter quelques explications à la situation dans laquelle il nous a placés.

— Je comprends votre surprise, chère Alice, mais figurez-vous que vous tombez très mal ! J'ai appris ce matin même par Levon Sayan que le fisc français m'imposait un redressement d'un milliard de centimes. Or, à dater du jour où mes cachets me l'ont permis, je n'ai jamais cessé d'inviter musiciens et collaborateurs au restaurant après mes concerts et d'aider ceux de la famille ou de mes proches qui avaient des problèmes financiers. Il semblerait que l'administration fiscale refuse désormais de déduire ces dépenses de mes salaires, ce que je trouve inadmissible mais c'est une loi à laquelle je ne peux que me soumettre. Donc, Levon m'a fait promettre qu'à dater de ce jour, ce serait à moi de me faire inviter. C'est symbolique, mais j'estime pour le moment avoir suffisamment donné et j'ai décidé de passer à l'action. Dommage que ça tombe juste sur vous !

Bien que surprise, j'approuve totalement sa décision, mais contrairement à ce qu'il pense, je me sens très privilégiée d'être la première « victime » à célébrer l'événement, même s'il n'est pas forcément heureux. Je me réjouis même d'avoir Charles Aznavour pour moi toute seule, de surcroît à Montréal.

Nous quittons le restaurant à 5 heures du matin, après nombre d'échanges plus enrichissants les uns que les autres. La neige tombe toujours sur Crescent Street. J'ai passé une délicieuse fin de soirée avec quelqu'un de gai et chaleureux, sensible et attentionné, qui aime non seulement la chanson mais aussi ceux qui la font.

Nous nous retrouverons souvent, par hasard ou pas. Parfois dans de tristes circonstances, à savoir les enterrements de ses confrères ou amis, que ce soit Mireille, Charles Trenet, Nougaro, Bécaud, Salvador, Barclay... De là à penser qu'il nous enterrera tous...

Nous avons même failli écrire une comédie musicale ensemble, une idée qui a germé dans l'esprit de Charles après que ce dernier fut venu m'applaudir aux côtés de Lama pour mes « 40 ans déjà » à l'Olympia, le 12 janvier 2004. Il m'imaginait même à l'affiche dans le rôle principal !

Inutile de préciser que je ne tenais plus en place. Dès notre premier rendez-vous dans son bureau, il m'a fait l'honneur de me confier quelques textes qu'il avait écrit. À peine une semaine s'était écoulée que j'avais déjà terminé les musiques et les lui faisais écouter. Charles a semblé beaucoup les apprécier lors de notre second rendez-vous, durant lequel j'ai eu le plaisir de retrouver mon ancienne élève, Katia, sa fille devenue depuis sa choriste sur scène. L'incontournable Levon Sayan était là, lui aussi, ainsi que notre ami commun Gérard Davoust, directeur des éditions Breton. Je me sentais déjà quasiment adoptée par cette nouvelle famille musicale et folle d'enthousiasme à l'idée de mener à bien ce joli projet avec le plus grand de nos chanteurs français.

Puis quelques mois ont passé, interminables, sans que je reçoive aucune nouvelle. Peut-être après réflexion n'avait-il pas aimé mon travail au point de poursuivre notre collaboration ?

Dommage qu'il n'ait pas trouvé les mots pour me le dire, parce que moi... « Je m'y voyais déjà ! »

Parenthèse 4

Pour moi, il y aura eu l'avant et l'après Lama.

Depuis Serge, notre appartement dans le XVIIe *ressemble certains soirs à la cantine d'une agence artistique où quelques célébrités viendraient parfois dîner.*

Mes enfants, eux, ne semblent pas particulièrement sensibles à ce va-et-vient de visages devenus familiers pour eux et c'est tout naturellement qu'avant d'aller se coucher ils viennent faire la bise à Dalida ou à Serge Lama.

Néanmoins, Raphaëlle semble un peu perturbée un après-midi en revenant de l'école. Comme tout se lit sur son visage, je lui demande l'objet de sa contrariété.

— Eh bien à l'école, Nathalie m'a dit qu'elle avait croisé Joss Randall sur les Champs-Élysées…

— Et alors ?

— Bah, je lui ai dit que c'était pas possible !

*— Mais si, bien sûr que c'est possible. Joss Randall c'est un personnage de feuilleton (*Au nom de la loi*), mais l'acteur qui joue son rôle s'appelle Steve McQueen. Et peut-être que Steve McQueen est venu passer quelques jours à Paris et qu'elle l'a effectivement croisé…*

— Ah oui ?… bah alors qu'est-ce que je lui dis ?…

Tempête sous un crâne, l'honneur de ma fille est en jeu ! Euréka, j'ai trouvé !

— Eh bien, dis-lui que Dalida et Serge Lama viennent souvent dîner chez toi…

Raphaëlle a levé les yeux au ciel en haussant les épaules, pour que je prenne bien conscience du ridicule de ma réponse :

— Pfft… Mais c'est pas des cow-boys !

Ah ça non, c'est sûr, je confirme !

C'est nul, des fois, une maman, surtout quand ça ne connaît rien aux cow-boys !

Et pourtant, en 1976, je vais en rencontrer un vrai !

13

Johnny

1976

La plus grande frustration pour un compositeur français, c'est de n'avoir jamais été chanté par la star des stars, l'idole des idoles, tous styles, toutes époques et tous âges confondus : notre tour Eiffel du rock'n'roll, Johnny Hallyday.

Pour pallier cette lacune, et sachant que Johnny change volontiers d'auteur ou de compositeur, j'ai décidé de me lancer à l'assaut de notre star nationale. Depuis un moment déjà, j'ai deux mélodies en manque de texte et qui me semblent comme faites sur mesure pour lui. Il ne me reste plus qu'à dénicher les auteurs capables de trouver les bons sujets et les mots justes à mettre dans la bouche du chanteur. J'ai donc fait appel à mon fidèle Serge Lama et à Sylvain Lebel aussi, qui m'a ouvert si généreusement les portes de Serge Reggiani et à qui je trouve légitime de renvoyer l'ascenseur.

Comme à chaque fois que je décide de foncer tête baissée dans un projet, il m'a fallu peu de temps pour que mes deux musiquettes ne soient habillées de paroles.

Avec Sylvain, cela a donné *C'est écrit* et avec Serge *Je suis nu, je suis mort*. Mais le plus difficile pour la suite de l'Opération-Johnny restait à faire : comment trouver le moyen de faire écouter à celui-ci les deux chansons en tête à tête ? Un principe auquel j'ai essayé de me tenir depuis mon premier rendez-vous avec Sylvie Vartan et qui, jusqu'ici, m'a plutôt bien réussi avec tous mes interprètes. Bien sûr, là il s'agit de Johnny qui a la réputation d'être inaccessible.

Aucune mission ne me semblant impossible, c'est dans l'inconscience la plus totale que l'idée m'est venue de passer par Lee et Suzy Hallyday, Lee étant tuteur-directeur artistique et Suzy éditrice de Johnny. Tous deux sont de bons amis avec lesquels mon mari et moi avons partagé auparavant la location d'une maison de week-end sur un golf dans l'Eure durant quelques mois, avec d'autres couples du métier.

Bonne pioche, me dis-je, après que Lee et Suzy ont accepté d'emblée de m'organiser un rendez-vous avec l'idole des jeunes. Mais à une condition : il me faudra me rendre à Crans-sur-Sierre, en Suisse, là où le chanteur suit une cure de repos au grand calme après sa tumultueuse tournée d'un an.

Un peu loin pour moi la Suisse, mais rien ne peut m'arrêter depuis le jour où j'ai décidé de faire Paris-Deauville pour un rendez-vous d'un quart d'heure avec Pierre Delanoë. Alors, allons-y pour les montagnes helvètes !

Un peu déçue que Serge, trop débordé par sa promo, ne puisse se libérer pour m'accompagner, c'est vers Sylvain que je me suis tournée en espérant qu'il accepte de se lancer dans cette folle randonnée avec moi. Dès notre arrivée par le train de nuit nous sommes attendus à Genève par le chauffeur de Johnny qui va nous acheminer jusqu'à Crans-sur-Sierre. Bravo Suzy pour l'organisation !

Quelle n'est pas notre surprise, en débarquant à l'hôtel du Golf, de trouver Johnny déjà attablé avec ses deux compères Alan et Long Chris, dans la salle de restaurant où il a prévu de prendre son petit déjeuner avec nous, avant d'entamer ses soins du matin. En approchant d'eux, je ne peux m'empêcher de regarder ma montre pour constater l'horaire plus que matinal et faire part de mon étonnement aux intéressés dès le premier contact, ce qui amuse beaucoup Johnny.

— Eh oui, que veux-tu, ici on est en cure le jour et on n'a pas droit aux soins la nuit !

Force est de constater que la cure en question semble réussir à Johnny. Le teint hâlé, visage reposé, l'air détendu, tout sourire, l'idole nous apparaît au mieux de sa forme et je pense que notre séjour s'annonce sous les meilleurs auspices.

J'ai beau l'avoir croisé à maintes reprises au hasard de quelques émissions de télé et quelques rares fois en discothèque, le pouvoir de Johnny sur les gens est toujours intact. Tout en l'observant, je me demande s'il doit uniquement cet état de grâce au fait qu'il porte ce nom célèbre ou s'il n'aurait pas plutôt hérité dès sa naissance de ce petit « plus » qui ne s'apprend nulle part et qu'on appelle le charisme ? Les gens se seraient-ils retournés sur son passage s'il n'avait été qu'un simple inconnu ? Nul ne le saura jamais mais je reste persuadée que la réponse est oui !

En tout cas, avec ses qualités de chanteur indétrônable des hit-parades, le mythe existe déjà bel et bien de son vivant. Il n'y a qu'à voir les regards admiratifs, bien que discrets, qui se portent sur lui depuis que nous l'avons rejoint dans le restaurant, sans que cela semble le gêner le moins du monde.

Comme pour me tirer de ma rêverie, Alan a entrepris de nous livrer l'emploi du temps de notre séjour : repos jusqu'à l'heure du déjeuner (diététique) que nous prendrons ensemble à l'hôtel. Ensuite direction la suite de Johnny où nous lui ferons écouter les deux chansons. Si celles-ci lui plaisent on commencera à travailler dessus immédiatement.

Dans le cas contraire, nous aurons quartier libre jusqu'à 19 h 30 pour un dîner frugal à l'hôtel. Diététique ? Frugal ? Je sens déjà que je vais avoir très faim en rentrant sur Paris !

Après que nous aurons grignoté, et quel que soit le résultat de l'audition de nos chansons, Johnny a décidé que nous irons tous au cinéma de Crans où l'on projette tout au long de la semaine une rétrospective des plus célèbres westerns américains. Curieux hasard, me dis-je, connaissant le goût du chanteur pour les films de ce genre, le cinéma n'aurait-il pas établi son programme en apprenant la présence de Johnny en ville ? Alan précise qu'après le cinoche nous irons dîner pour de bon « dans un petit restau très sympa tenu par des bons copains » et que le planning sera le même demain. Nous voilà donc informés.

Excepté le fait que Sylvain et moi avions prévu de rentrer ce soir même par le train de nuit retour, ce programme nous plaît bien ! Comme s'il avait perçu une certaine réserve de notre part, Johnny croit bon de préciser que nos billets ont déjà été changés par Suzy pour le surlendemain car il a estimé ridicule cet aller-retour dans la même journée, même si nos chansons ne font pas l'affaire, précise-t-il. Il ajoute que cela nous permettra aussi de faire mieux connaissance et que, bien entendu, les frais de la durée de notre séjour sont entièrement à sa charge.

Le ton, bien que chaleureux, n'appelle manifestement pas de contestation de notre part.

C'est mon mari qui va faire une drôle de tête en apprenant que je joue les prolongations, et je peux m'attendre à de bonnes scènes de jalousies en perspective ! Mais qui oserait résister au monstre tout sourire et débordant de générosité qui se trouve en face de moi ?

Alors OK, Johnny, c'est décidé, on reste. Et le rêve peut continuer.

Une chose me touche particulièrement, hormis la gentillesse naturelle qui émane de lui, c'est cette façon qu'il a de nous intégrer dès notre arrivée à son entourage exceptionnellement restreint. Une façon d'ouvrir grand les bras qui n'est pas sans me rappeler celle avec laquelle Dalida m'a ouvert les siens dès notre première rencontre. À la différence près que je ne suis pas encore certaine que mes chansons vont séduire Johnny…

Nous sommes quand même soulagés, Sylvain et moi, avec la fatigue du voyage qui commence à se faire sentir, que l'idole ne nous ait pas imposé illico de le suivre dans les bains à remous, aux séances de massage ou à la salle de gym où il manie quotidiennement les poids et haltères avec Alan et Long Chris, ses deux fidèles complices.

La journée s'est déroulée comme il était prévu, exception faite pour les absences répétées du chanteur durant notre déjeuner diététique où il a passé son temps à faire des allers-retours entre notre table et la cabine téléphonique du hall de l'hôtel où on le priait régulièrement de venir prendre une communication.

Ma curiosité féminine aiguisée par ces appels incessants, je n'ai pu m'empêcher de poser la question de circonstance à Long Chris :

— Mais pourquoi accepte-t-il tous ces appels même pendant le déjeuner ?

— C'est Sylvie ! me répond Christian dans un long soupir résigné.

Je me rappelle alors quelques articles lus récemment dans la presse et qui annonçaient pour la énième fois la séparation du couple Sylvie-Johnny. Mais cela était arrivé si souvent depuis leur mariage que personne n'y prêtait guère attention.

Comme si quelque chose avait sifflé dans les oreilles de Johnny tandis que nous prenions paisiblement le café dans le petit salon, celui-ci a réapparu soudainement, jugeant bon de justifier personnellement ses multiples allées et venues.

— Désolé, vraiment... mais j'ai un problème...

Il l'aurait dit en fredonnant, on se serait vraiment cru dans la chanson qu'il avait interprétée en duo avec Sylvie quelques années plus tôt ! Pardon, je ne peux pas m'empêcher de faire parfois un peu d'humour... même mal placé.

Et Johnny, qui n'a pas fait le rapprochement, de m'expliquer qu'à chacune de ses retrouvailles avec Sylvie le climat est de plus en plus houleux. Chaque retour de tournée engendre de part et d'autre des scènes de jalousie à retardement qui deviennent insupportables, pour l'un comme pour l'autre. Alors que paradoxalement, Johnny, dès qu'il est loin de Sylvie, ne manque pas de retomber fou amoureux d'elle, d'où ces nombreux échanges téléphoniques d'aujourd'hui.

— Chiant, non ?

Si je peux me permettre de traduire en analysant ce bref commentaire, je dirais même que la situation semble particulièrement inextricable.

— Mouais... vraiment chiant tout ça ! croit-il bon de surenchérir.

Je ne peux m'empêcher de repenser à une confession similaire de Cloclo lors de notre premier dîner en tête à tête : « Tu sais Alice, c'est dramatique... Chaque fois qu'une femme m'annonce qu'elle va me quitter, je retombe immanquablement fou amoureux d'elle... »

Alors non, Jo... t'es pas tout seul... Claude et toi devriez monter le Post Lovers Group !

En attendant, Johnny semble guetter une réponse de ma part à la question qu'il ne m'a pas vraiment posée. Son regard d'aigle en dit long, du genre : « Dona, qu'est-ce que tu ferais à ma place ? ».

D'abord, Dona, pour se mettre à la place de Johnny, a besoin d'endosser la panoplie de compositeur musclé qu'elle est censée être... mais elle ne le sent pas, là.

J'ai bien une réponse qui me vient à l'esprit, mais c'est une réponse de fille, à savoir que si j'étais mariée à un tel masochiste, il y a longtemps que j'aurais pris mes jambes à mon cou, et que les prises de tête à la « Quitte-moi car je t'aime »... non, sincèrement, très peu pour moi, Mister Jo ! Mais, bien entendu, je n'en ferai pas part à Johnny.

Je choisis donc de lui répondre par une moue dubitative qu'il traduira comme il l'entendra. Mais dans l'immédiat il s'agit de le ramener sur les rails de toute urgence, sinon le but initial de notre séjour risque d'être sérieusement compromis par les états d'âme d'un rocker suisse...

— Et si on allait écouter les chansons ?

C'était risqué, mais j'ai osé. Et j'ai bien fait, je crois, à en juger par le soudain réveil du rocker :

— Ah oui, c'est vrai ! C'est parti !

Merci au dieu de la musique. Johnny est revenu parmi nous et je n'ai peut-être pas fait Paris-Crans-sur-Sierre pour rien.

Rendez-vous dans la suite du chanteur. Pas très rock and roll, le mobilier, mais la vue sur les sommets suisses encore bien verts compense largement l'absence d'imagination de la déco.

C'est Alan qui se charge de glisser ma cassette dans la chaîne hi-fi. Première chanson, *Je suis nu, je suis mort* dont le texte est signé Lama.

Il y a partout des traces de toi
Un vieux jean oublié, un parfum qui s'envole
Et j'entends déjà revenir de l'école
Cet enfant dont tu disais parfois qu'il me ressemblait...
Je suis nu, je suis mort

Mes mains s'ouvrent mes mains se tendent
Tu sais bien ce qu'elles te demandent
La nuit quand je m'endors…

Surréaliste d'écouter ce texte après la conversation que nous avons eue juste avant. Les chansons prennent parfois des allures de vécu. Je suis quand même soulagée qu'il n'y ait pas eu de piano pour lui chanter ce titre en direct, je ne pense pas que j'aurais pu arriver au bout sans sombrer dans le fou rire nerveux. Ou peut-être y serais-je allée de ma larme, le trac aidant, allez savoir ?

Très ému et manifestement touché par le sujet, j'attends avec impatience les commentaires du chanteur. C'est d'une belle voix grave que Johnny consent enfin à me livrer ses premières impressions :

— Super !

Évidemment, mes précédents interprètes m'ont habituée à des réactions plus prolixes, mais j'avoue que ce « super » accompagné d'un « droit dans les yeux » compense toutes les critiques ou compliments que j'étais en droit d'attendre. Je trouve dommage qu'on n'ait jamais pu voir ce regard-là durant les interviews radio que Johnny déteste tant, car on peut y lire comme dans un livre ouvert.

Retour en altitude. On écoute maintenant la chanson de l'ami Sylvain, *C'est écrit*.

Il est écrit au fond des astres
Que je ne vivrai pas cent ans
Je ne sais ni l'heure ni la date
Mais je sais quel destin m'attend,
C'est écrit
Je partirai sans gloire peut-être
Un peu comme se meurt un été
Je partirai pour mieux renaître
Car j'en suis sûr je reviendrai
C'est écrit

Une sorte d'ode prémonitoire à 2009, l'année maudite... Mais à Crans-sur-Sierre en 1976 on n'en est pas encore là et Johnny, apparemment conquis, consent cette fois à nous lâcher une phrase entière :

— Ah ouais... ça tourne super bien... c'est bon pour moi.

Puis s'adressant à son voisin :

— Chris, prends ta guitare, on va chercher la tonal ensemble. Y a quelques harmos que je voudrais revoir et après on se fait une cassette pour que je travaille dessus quand la Dona sera repartie.

Une tirade entière, mesdames et messieurs ! Et Dona n'est pas encore repartie, vu qu'elle ne sait déjà plus où elle habite. Mais croyez bien qu'elle est aux anges, la Dona, d'autant qu'il lui reste 48 heures privilégiées pour faire mieux connaissance avec l'idole des jeunes. Soulagée aussi que ce long voyage ne se soit pas avéré inutile. Merci à vous les autres Hallyday, Suzy et Lee, pour cette lumineuse idée du lieu de rencontre.

Vont alors se succéder les heures musiques et les heures loisirs avec, incluses dans le forfait, les folles randonnées en voiture de sport sur les petites routes sinueuses de Crans. Apparemment, Johnny aime procurer des sensations fortes à ses visiteurs avec cette fâcheuse tendance qu'il a de conduire pied au plancher, au point que je ne sais même plus si j'ai vraiment faim en arrivant au restau tant j'ai pensé mourir de fois durant le trajet.

Au cinéma, au lieu de trois, le train a bien sifflé douze fois avant que la projection du célèbre western se déroule enfin dans son intégralité et que Grace Kelly et Gary Cooper tombent sauvagement dans les bras l'un de l'autre sur le grand écran.

Pour faire couleur locale et ne pas trop déparer dans l'équipe à Jojo qui s'est habillée cow-boy pour la circonstance, j'ai cru bon de porter jean, ceinturon, chemise canadienne en écossais matelassé sous un blouson de cuir noir et de me compresser lamentablement les orteils dans les belles santiags neuves achetées aux Puces la veille de mon départ, au cas où… Résultat ? Une vraie torture pour mes petits petons fragiles.

Toujours pour faire comme tout le monde, alors que je n'ai jamais fumé de ma vie, j'ai même poussé le bouchon jusqu'à fumer des cigarillos Davidoff en prenant soin de me retenir pour ne pas tousser. C'est donc l'estomac en compote et les pieds en marmelade que je me suis endormie le deuxième soir, fière d'avoir été un bon cow-boy !

Un mois plus tard, je vais retrouver Johnny en studio pour l'écouter chanter mes deux chansons sur les magnifiques arrangements de son fidèle orchestrateur Jacques Denjean. Quelle belle leçon d'interprétation je prends ce jour-là, en découvrant après un mois de travail acharné la façon magistrale avec laquelle Johnny s'est approprié les deux titres qui semblent maintenant avoir été écrits sur mesure pour lui. Avec une pensée émue pour notre épisode « Western en Suisse ».

Il ne me reste plus qu'à m'armer de patience en attendant la sortie de l'album. Il est prévu que les deux chansons y figurent en bonne place, d'après ce que Johnny m'en a dit, surtout celle de Serge, a-t-il précisé.

Effectivement, l'album est annoncé deux mois plus tard. Mais ô catastrophe et désillusion ! À la place de mes deux chansons, j'ai la désagréable surprise de découvrir deux autres titres signés Jacques Revaux, le nouveau directeur artistique de Johnny, paraît-il, et lui-même compositeur des plus grands succès de Michel Sardou, entre autres…

Pour de mystérieuses raisons, j'apprends que Johnny s'est séparé de notre copain Lee Hallyday, le tuteur, le cousin par alliance, le grand frère, le père de substitution, mais surtout l'ami de toujours.

Sur le moment je hais cordialement l'idole qui n'a même pas pris la peine de m'informer au préalable de ces multiples bouleversements de dernière minute. Jusqu'au jour où il daigne enfin m'appeler pour s'excuser, invoquant inutilement mille façons de se justifier que je ne juge pas valables. Mais le show-biz a ses raisons que la raison ignore et je n'arrive même pas à en vouloir personnellement à ce Johnny que j'ai un peu appris à connaître et dont j'ai vite cerné les angoisses cachées et les incertitudes permanentes.

Le dernier qui a parlé a donc, une fois encore, emporté le morceau. Serait-il donc plus judicieux pour moi de passer à la fin la prochaine fois, si je veux obtenir ma part du gâteau ? Quelle horreur et si loin de moi cette idée alors que je voulais juste entendre un jour, une seule fois dans ma vie de compositeur, la voix de Johnny sur une de mes musiques. Eh bien, Dona, tu l'as entendue, voilà qui est fait, tu devrais être contente non ? À part que le public, lui, n'entendra jamais ces deux chansons-là vu qu'à ce jour elles doivent être bien enfouies au fond d'un placard. Mais est-ce si grave que cela ?

Plongée dans mes réflexions tandis qu'à l'autre bout du fil, j'ai senti Johnny profondément, sincèrement désolé, avec ce ton de petit garçon qu'il sait si bien employer quand il est pris en faute. Un éternel gamin qui semble avoir du mal à grandir quand je l'entends me demander :

— Tu m'aimes quand même, Dona ?

Mais bien sûr qu'on t'aime, mon Jojo ! Comment faire, d'ailleurs, pour ne pas t'aimer ? La France des jeunes, la France des vieux, celle d'en bas, celle d'en haut, toute la France t'aime, mon cher Johnny.

Au final, c'est peut-être ça, ton vrai problème : quoi que tu fasses, tout le monde t'aime !

Comme pour mieux remuer le couteau dans la plaie, le destin va faire en sorte que je croise à nouveau Johnny à maintes occasions et chaque fois l'idole prendra comme un malin plaisir à me glisser les mêmes mots doux dans l'oreille, comme si l'épisode Crans-sur-Sierre n'avait jamais existé .

— Alors, ma Dona, quand est-ce que tu m'écris un truc super ?

Eh bien, franchement, je ne sais pas trop ! Plus très envie, maintenant.

La chanson de Sylvain, *C'est écrit*, après avoir subi quelques transformations, a été enregistrée trois mois plus tard par Sheila. Et toc !

En revanche, la chanson de Lama est restée dans un tiroir. Mais peut-être Johnny aura-t-il envie de la dépoussiérer pour son retour sur scène en 2012 ou pour son concert d'adieux à 100 ans ? On peut toujours rêver.

Ou alors figurera-t-elle un jour sur l'album post-mortem des inédits de Johnny que les enfants de ses vieux fans seront heureux d'offrir à leurs parents.

— Écoute ça, papy… *Je suis nu, je suis mort…* Un collector !

Parenthèse 5

Heureusement qu'il y a les grandes joies pour compenser les petites désillusions.

D'abord il y a cette envie de prendre de la distance au plus tôt et de fuir ce Paris qui nous oblige à toujours presser le pas.

Avoir enfin un espace bien à moi où je pourrai composer en toute quiétude sans avoir à me faire sermonner par les voisins dès que j'effleure mon piano.

Mes chers auteurs, plutôt que de venir collaborer en coup de vent, vous aurez une chambre à votre disposition et pourrez rester aussi longtemps que vous le voudrez.

En l'occurrence, je songe aussi égoïstement à la préparation de mon second album que je veux peaufiner dans les moindres détails. D'avoir ses auteurs à demeure offre aussi bien des avantages. Je sais par mon ami Lemesle que c'est ainsi qu'il travaille de concert avec Bécaud, Dassin ou Fugain.

Alors pourquoi pas du home made *façon Dona ?*

En attendant de trouver la maison de mes rêves, Serge et moi venons de recevoir le prix Vincent Scotto de la SACEM qui récompense la « chanson la plus populaire et de qualité de l'année ». En ce qui nous concerne, il s'agit de Chez moi *qui a dépassé le million d'albums vendus.*

Je vais connaître aussi le privilège d'être interprétée par Mireille Mathieu, non sans quelques péripéties qui auront peut-être leur place dans un futur ouvrage mais qui, aujourd'hui, ne présentent pas un intérêt majeur, comparé à toutes les belles rencontres que je vais encore faire dans les temps à venir.

14

Annie Girardot

Paris/Février 1977

Travelling extérieur jour, rue de Courcelles vers le boulevard Gouvion-Saint-Cyr.

Ce matin, Lama m'a demandé de le rejoindre au Palais des Congrès où il chante pendant trois mois. Rendez-vous est pris en face du Palais, à 13 heures au restaurant de l'hôtel Méridien où il loge durant son marathon annuel. Étonnant horaire pour lui qui déjeune rarement.

À 12 h 45 je suis heureuse, bien qu'étonnée, en arrivant sur place, de croiser Yves Gilbert, pianiste de Serge, mais aussi le compositeur avec lequel je partage le privilège de créer des musiques sur les textes de notre Lama national. Yves a été convoqué, lui aussi. Serge déteste qu'on lui fasse des surprises mais adore en réserver aux autres ; c'est pourquoi à ce moment même, nous ignorons, Yves et moi, la teneur de ce rendez-vous mystérieux.

Et Serge, toujours ponctuel, de faire son entrée accompagné de la personne à laquelle je voue la plus grande admiration et le plus profond respect, que ce soit sur le plan artistique ou humain. L'émotion incarnée : madame Annie Girardot.

— Salut la compagnie ! Qu'est-ce que je suis contente de vous voir !

Deux bises affectueuses pour chacun et voilà ! C'est bien elle avec le débit rapide de cette voix au timbre voilé reconnaissable entre mille, cet accent titi parisien, ce franc sourire à faire fondre un régiment de Marines aguerris, et ce regard qui semble vous dire d'emblée « Tu m'plais bien toi ! » avant même de vous connaître.

Bien plus petite et plus fragile « en vrai » que je l'imaginais. La Gabrielle Russier de *Mourir d'aimer* et le docteur Françoise Gailland sont là, devant moi ! Deux pour le prix d'une ! En pleine forme, dynamique et déjà enthousiasmée par l'idée que nous allons travailler ensemble.

Ah bon ? Elle veut chanter ?

J'apprends dans un premier temps qu'il n'en est pas forcément question. Pour le moment, il s'agit, pour Yves et moi, de nous partager la composition de la musique d'un film dont le tournage commencera bientôt. Une première, pour chacun de nous. Cadeau ! Merci Annie !

Celle qui refuse qu'on l'appelle « Mademoiselle » ou « Madame », qui demande qu'on l'appelle par son prénom et qu'on la tutoie d'office, nous raconte brièvement le scénario : une femme chauffeur de taxi va découvrir, au hasard d'une course, que son mari la trompe avec une autre plus blonde, plus grande, plus mince et plus jeune qu'elle aussi, comme il se doit. C'est Bernard Fresson, le compagnon actuel d'Annie, qui jouera le rôle du mari volage. À partir de la désagréable découverte, la « chauffeure » de taxi va embarquer de force ses futurs clients (dont Jean Curtelin, scénariste et Jean-Pierre Coffe, alors comédien à ses heures et restaurateur de renom) dans des courses folles à la poursuite de l'infidèle. Parmi ceux-ci, Maria Pacôme qui va solidairement se lier d'amitié avec Annie, le temps d'une course interminable qui les mènera ensemble de Paris jusqu'à... Bruxelles.

Annie insiste discrètement auprès de moi pour que j'écrive avec Serge la chanson éponyme du film : *Le Dernier Baiser*.

Après toute une série de longs métrages dans lesquels elle a fait pleurer la France entière, Annie nous avoue être enchantée de jouer dans une comédie légère où le rire alternera avec l'émotion pure et simple. Comme elle !

J'ose lui demander une faveur, le rêve de tous les fans de cinéma… et d'Annie : assister à une scène de tournage.

— Pas de problème, ma cocotte ! On doit commencer par la Belgique. Tu viens avec nous. Y aura Pacôme aussi, tu verras, elle est sympa comme tout, on va bien se marrer !

C'est aussi simple que ça.

Après avoir assisté ensemble le soir même au spectacle de Serge que j'ai déjà vu à sept ou huit reprises, la soirée se termine dans notre resto favori des halles, à La Tour de Montlhéry. À 5 heures du matin, c'est bras dessus bras dessous avec Annie que je me retrouve au milieu de la rue chantant avec elle *Singing in the rain*. Elle, infatigable, et moi, épuisée !

Une semaine plus tard, la chanson *Le Dernier Baiser* est écrite.

*

Décor : la campagne bruxelloise. Extérieur nuit. Brouillard artificiel.

Annie, veste en mouton et casquette, et Maria (Pacôme), très BCBG, sont dans un taxi en train de surveiller à distance le mari (Bernard Fresson) qui dîne aux chandelles dans le restaurant d'un relais château avec sa jeune maîtresse.

Dans la voiture, la lumière du plafonnier et le reflet de la pleine lune sont censés éclairer le visage des deux comédiennes. Le directeur photo se charge d'en créer l'effet. Sur commande, Annie va devoir s'effondrer en larmes avant d'enchaîner sur une crise de fou rire qui va gagner sa partenaire. Comme il est mentionné dans le scénario.

23 heures 30. Moteur demandé. Clap *Le Dernier Baiser*, campagne Bruxelles première... ça tourne !

Une prise, raccord maquillage pour une deuxième, puis une troisième. Et revoilà Annie qui pleure et Annie qui rit. Autour, chacun a les larmes aux yeux puis se fend la poire avec elle...

Après trois prises, c'est la pause : trop de vrai givre à cause du froid et pas assez de faux brouillard.

Retour au rez-de-chaussée de la grange toute proche aménagée en loge pour la circonstance. Annie reprend le tricot interrompu, me raconte ses problèmes familiaux, remplit quelques cases de mots fléchés et parle au téléphone avec sa fille Julia à qui elle demande de rajouter un chou-fleur pour après-demain car elle a décidé de nous inviter, Serge, mon mari et moi, à dîner chez elle dans sa maison de Sèvres. Annie est opérationnelle sur tous les fronts.

Puis la réalisatrice, Dolorès Grassian, annonce que tout est en place pour reprendre.

Raccord maquillage. Cinquième... Sixième prise... Nouveaux problèmes techniques... Nouvelle pause... Il est 4 heures du matin.

Quatre rangées de tricot plus tard, le moteur est demandé pour la énième fois. Ça tourne !

Annie, imperturbable, sans aucun signe de fatigue apparent, met à nouveau les larmes aux yeux de toute l'équipe, moi en tête. Puis elle nous contamine tous avec son fou rire sur commande. Jamais aucune plainte ni aucun caprice.

Cette nuit-là, les mots « professionnalisme », « humilité », « gentillesse », « générosité », « sincérité », « patience » ont pris tout leur sens et j'ai assisté au meilleur cours de comédie qui soit. On en oublierait presque le plus important : le TALENT !

Annie justifie largement qu'on parle d'elle comme de la plus grande actrice et son maintien en tête de tous les sondages effectués chaque année pour élire la femme préférée des Français est plus que mérité.

*

Décor : Paris, dans le living d'un appartement coquet du XVIIe arrondissement.

Mais on n'est pas dans un film, on est chez moi, un samedi soir. Annie m'a appelée en fin d'après midi pour m'avertir qu'elle serait très en retard pour la dînette que nous avons prévue à la maison entre nous. Elle a oublié qu'elle devait passer à « un truc » avant.

Pas de problème. En l'attendant, je bosserai un peu sur les chansons en cours ou je jetterai un œil sur la télé vu que ce soir il y a la remise des Césars. Ambiance cinéma à fond !

Vers 23 heures, toujours pas d'Annie à la maison, mais pas de grande inquiétude non plus vu que je suis prévenue de sa venue tardive. Me disant que faire réchauffer mon pot-au-feu la fera venir plus vite, je m'active un peu dans la cuisine, non sans avoir monté le son de la télé pour continuer de suivre l'émission de loin.

— Et le César de la meilleure actrice est attribué à… Annie Girardot !

J'en perds ma louche et me précipite dans le salon ! C'était donc ça « le truc où elle devait passer avant » !

Pull caramel à col montant sur un pantalon marron. Juste un collier fantaisie de grosses perles, à peine maquillée, Annie, en tenue de ville au milieu des longues robes à paillettes reçoit son César, sourit, remercie son metteur en scène, toute l'équipe du film. Elle précise que si elle a accepté ce rôle magnifique du docteur Françoise Gailland c'est parce que le personnage qu'elle incarne, atteint d'un cancer, s'en sort à la fin, et elle espère que ce César est synonyme d'espoir pour tous ceux qui sont touchés par la maladie.

Trente minutes à peine plus tard, on sonne à l'interphone.

— Coucou M'Alice, c'est moi !

En accueillant Annie sur le palier devant l'ascenseur, je ne peux m'empêcher de lui dire :

— Alors toi, t'es vraiment à la ville comme à la scène !

Et Annie d'acquiescer :

— Ah ouais… t'as vu ? Bah je ne pensais pas l'avoir alors je me suis fringuée d'abord pour venir dîner chez toi ; tu me vois débarquer ici pour bouffer avec les paillettes, la robe longue, les voilages et tout le bordel ? Et comme je savais que de toute façon je n'irais pas à leur fin de soirée chiante au Fouquet's… Oh là là ! Tu aurais dû voir leurs tronches en me voyant monter sur scène comme ça… moi ça m'a bien fait marrer !

Puis, me tendant son César :

— Bon ! C'est pas l'tout mais j'ai faim moi… Hum… ça sent bon le pot-au-f', dis donc ! P… c'est lourd ce truc !…

Ce « truc », me dis-je, c'est quand même le César de la meilleure actrice !

— Tu me le poses devant la porte pour que je ne l'oublie pas en partant !

*

Décor : toujours chez moi dans le XVIIe. Intérieur jour.

Quelques semaines et quelques nouveaux dîners-rigolades après son César, Annie est venue répéter la chanson *L'Argentin*, un tango que je lui ai composé et qu'on l'entendra fredonner au volant de son taxi dans « notre » film. Parallèlement à la version que Serge va sortir en single du *Dernier Baiser*, elle a décidé d'enregistrer elle-même les deux titres sur un 45 tours à paraître, car bien qu'elle s'en défende, Annie adore la chanson et les chanteurs.

Elle va commencer sous peu le tournage d'une nouvelle comédie de Nicole de Buron, *Vas-y maman !* Après qu'on a travaillé consciencieusement sur nos deux chansons, elle me demande si j'accepterais de lui faire répéter son texte en lui donnant la réplique.

Et nous voilà côte à côte, à plat ventre sur la moquette du salon, moi dans le rôle de la fille, elle dans celui de la mère, en train de nous insulter comme deux chiffonnières. C'est la scène qui veut ça et je m'amuse comme une petite folle ! Quand je vais raconter ça à mes parents...

— Dommage que tu sois un peu vieille pour jouer ma fille, sans ça je t'aurais mise sur le coup. T'es vachement douée, tu sais !

Et Annie d'exploser de rire.

Merci, Annie, venant de toi c'est un sacré compliment. Mais à chacune son métier !

Très sincèrement, je ne me serais jamais sentie capable comme elle de jouer une scène pour la énième fois avec la même sincérité et autant de naturel que pour la première. Je suis confrontée à ce problème lorsque j'enregistre mes propres chansons en studio et que, pour moult raisons, techniques ou artistiques, il me faut chanter le même couplet à plusieurs reprises. Je préfère mille fois le côté spontané et direct de la scène. Connaissant ce handicap, j'ai appris, au fil du temps, à ne plus jamais donner le maximum lors des deux premières prises de voix, pendant lesquelles on s'occupe plus particulièrement des réglages techniques, et à mettre le paquet à partir de la troisième pour que justesse vocale, intention et émotion soient ensemble au rendez-vous. Je déteste l'idée qu'on saucissonne l'enregistrement de certains artistes en une multitude de phrases techniquement parfaites, mais vides au résultat de tout ressenti.

Je crois qu'Annie reste une des rares actrices dignes de ce nom à pouvoir réaliser la prouesse d'être constamment à son maximum. Elle a toujours un petit mot gentil et rassurant pour chacun des membres de l'équipe de tournage avant que soit demandé le fameux « Moteur », le sésame qui va la faire entrer par magie dans une autre dimension. Quand la scène est terminée, on la retrouve toujours d'humeur égale, avec le même enthousiasme au travail. En revanche, elle reste implacable et exigeante avec elle-même, souvent inquiète et soucieuse du résultat, remplie de doutes concernant son interprétation, besoin de plus de précisions, d'être rassurée. Toujours prête pour apprendre, encore et encore.

1978

Le Dernier Baiser est sorti sur les écrans. Un joli succès d'estime, comme on dit, le public préférant manifestement « La Girardot » dans les emplois dramatiques plutôt que dans les comédies légères.

Mais cet épisode musico-cinématographique m'a permis de vivre des instants grandioses avec celle que j'appelle désormais « N'Annie ». Que ce soit pour chanter en duo avec elle dans mon « Numéro 1 » des Carpentier une jolie chanson de Lemesle, *Petite Sœur*, ou pour qu'elle se joigne à nous – Lama qui cartonne, Patrick Sébastien qui débute, et moi toujours entre deux – pour interpréter à 5 voix *Les Copains d'abord* avec Georges Brassens – qui me fera, en outre, l'immense cadeau d'un duo à quatre mains sur ma *Chanson hypocalorique*. Autant de grands moments pour moi de télévision qui figurent encore dans les archives de l'INA (Institut national de l'audiovisuel).

Quand Annie ne tourne pas, nous déjeunons sur le pouce à sa brasserie préférée de la rue de Turenne, buvons un café en terrasse entre deux rendez-vous dans un bistrot de la place des Vosges, ou dînons souvent ensemble chez elle ou chez moi. Comme je n'aurais osé y songer lors de notre première rencontre, je pense pouvoir affirmer aujourd'hui que nous sommes devenues des amies avec un grand *A*… comme Annie !

Pour l'heure, elle est en tournage avec André Cayatte qu'elle est toujours heureuse de retrouver. Cette fois, c'est pour le film *L'Amour en question*.

De mon côté, j'ai enfin quitté notre fourmillante capitale pour une grande propriété en pleine campagne que j'ai dénichée juste à l'orée de la forêt de Rambouillet. J'y joue à la fermière modèle avec mari, enfants, employée de maison, potager, mare aux quatre canards, neuf chats, deux chiens, vingt poules, un coq qui chante faux, un mainate qui chante juste, une oie qui m'ignore et un jars qui me déteste – et me le prouve en me mordant régulièrement les mollets en traître !

Tous les signes apparents d'un bonheur parfait.

*

23 heures. Les Bréviaires. Scène intérieur nuit.

Napo, le dogue allemand, vient d'aboyer dans le jardin. Juste avant que ne résonne le *gling-glang-glong* de l'interphone à l'intérieur de la maison. Immanquablement, le mainate a hurlé « Allôôô », comme il le fait chaque fois qu'une sonnerie, quelle qu'elle soit, retentit. Je décroche le combiné en me demandant qui peut bien nous déranger à cette heure avancée de la nuit.

— C'est moi. C'est Annie.

Je reconnais la voix, mais celle-ci tremble et je sens déjà que cette visite imprévue dans cette maison isolée de tout ne sera pas forcément une partie de plaisir.

La lèvre supérieure d'Annie et le haut de sa joue gauche sont tuméfiés. Je n'ose pas poser la question qui me brûle les lèvres, mais elle y répond :

— Il était bourré… Il m'a fait ch… toute la soirée… je me suis énervée, on s'est engueulés et il m'a balancé un pied de lampe dans la gueule avant d'aller s'enfermer dans le pavillon de jardin ! Du coup j'ai décidé d'en profiter pour me barrer mais je ne savais pas où aller sans prendre le risque qu'il me trouve. Alors j'ai appelé un tacot, fait mon baluchon et une fois dans le taxi j'ai pris mon calepin pour trouver chez qui aller pour être tranquille et je suis tombée sur toi… Tu peux me garder un jour ou deux, le temps que je me fasse réparer les deux dents qu'il m'a cassées et que je dégonfle ?… Ah… demain matin il faut que tu me fasses penser très tôt d'appeler Cayatte vu que je ne pourrai pas tourner dans cet état-là l'après-midi comme prévu…

Et Annie-la-dure-la-costaude de s'effondrer dans mes bras.

Quelle tristesse, mais quel bonheur à la fois de l'avoir toute à moi et qu'elle ait pensé à me faire l'extrême honneur de me laisser la chouchouter durant quelque temps.

Même si les circonstances ne se prêtent pas à la réjouissance…

Trois jours plus tard, les deux dents sont réparées, le visage a repris sa forme initiale et il ne reste plus aucune trace de sa douloureuse mésaventure, si ce n'est le petit hématome qui subsiste sur le haut de sa joue.

Brutale rupture qui va donner des heures sup' de travail aux maquilleurs sur le plateau.

Annie a repris le chemin des studios, tandis que son compagnon du moment lui a fait savoir qu'il quittait la maison définitivement. Bon vent !

*

Je passerai sur l'épisode Romy Schneider, dont je vous parlerai plus tard, qu'Annie m'a fait l'honneur de mettre sur mon chemin.

Je passerai sur la remise du César du meilleur second rôle féminin qu'Annie a reçu en 1996 pour son interprétation dans *Les Misérables* de Claude Lelouch et qui a ému la France entière aux larmes.

Je passerai sur son autre César dans un second rôle dans *La Pianiste* en 2002, et sur sa dernière prestation au théâtre quand elle a eu le courage de reprendre son rôle magnifique de *Madame Marguerite*, alors qu'elle souffrait atrocement de problèmes de vertèbres et devait jouer avec un corset rigide.

Je passerai sur la période de sa vie avec un nouveau compagnon. Encore un épisode douloureux qui lui laissera de belles cicatrices, mais au cœur celles-là.

Je passerai aussi sur le fait qu'elle a accepté de me mettre en scène dans mon tour de chant au théâtre de Dix Heure en novembre 2001, ce dont je garde un souvenir indélébile.

Je passerai encore sur la dernière chanson que j'ai écrite et chantée pour le générique de fin du film plus que confidentiel *Christian*, dans lequel Annie a fait sa dernière apparition en 2007 aux côtés de sa fille Julia, de sa petite-fille Lola et du fidèle ami Léo Bardon.

Et je voudrais tant oublier cette terrible maladie d'Alzheimer qui l'a touchée au début des années 2000 et dont j'ai déjà parlé dans un précédent ouvrage[1]. Sa fille Julia s'en est fait l'écho légitime plus largement dans son livre *La Mémoire de ma mère* paru en 2007. Dix ans pour qu'elle oublie qu'elle a été la plus grande des actrices françaises du vingtième siècle. Dix longues années à lui chanter une

1. *Chanteuses ou coiffeuses ?*, Anne Carrière, 2007.

énième fois ma *Chanson hypocalorique*, juste pour la voir éclater de rire. Lui montrer des photos d'elle, l'aider à retrouver les noms de ses illustres partenaires au cinéma. Retrouver nos prénoms à nous, ses copains, avec le fidèle ami Léo, omniprésent depuis les bons jusqu'aux plus mauvais moments.

Mais N'Annie en a définitivement terminé avec ses souvenirs. Elle mange et elle respire. Est-ce bien là le minimum « vital » ?

C'est tout et c'est terrifiant.

*

Lorsque j'irai lui rendre à nouveau visite dans la Maison des Musiciens où elle vit désormais je n'oublierai surtout pas de dire à Annie :

« À nous aussi tu manques.
Follement.
Éperdument.
Douloureusement…
Et tout l'amour que tu nous as témoigné nous fait penser que peut-être…
Je dis bien peut-être…
Toi non plus tu ne nous as pas oubliés[1] ? »

1. Texte inspiré de la déclaration faite par Annie à la cérémonie des Césars en 1996.

Parenthèse 6

1975 – Mon mari dirige à présent la société des éditions Plein Soleil qui regroupe tout le catalogue de Lama et par voie de conséquence toutes les chansons que j'ai écrites avec ce dernier.

Les bureaux ont quitté la rue Washington et le VIIIe *arrondissement pour s'installer rue Galilée dans le XVI*^e^*. Plus calme, plus ensoleillé, plus spacieux et plus chic aussi.*

Bernard s'est mis en tête de donner un nouvel élan aux titres que je n'ai pas encore réussi à placer. Des chansons aux thèmes essentiellement féminins.

Pourtant, ce n'est pas faute d'avoir essayé ! Je crois pouvoir affirmer que « toutes y sont passées » ; de Mireille Mathieu à Régine, de Dalida à Nana Mouskouri en passant par Rika Zaraï... Mais toutes ont poliment refusé. Au point que j'ai décidé de tirer un trait sur ces chansons écrites en majorité avec Serge, ce qui n'a pas semblé influencer le moins du monde le choix de ces dames.

Avouons que les sujets et la façon parfois brutale dont ils sont traités auraient découragé un régiment de jeunes filles en fleur. Ainsi Le Sixième Ciel *qui évoque les problèmes d'une femme qui n'aura jamais atteint l'orgasme avec l'homme qu'elle aime. Dans une autre, la dame se laisse entraîner dans une histoire d'un soir en faisant l'amour avec un inconnu dans un coin sombre d'une discothèque ; une autre encore, dont le titre, il est vrai, est assez rébarbatif :* J'aimerais bien me suicider. *Nous nous sommes toujours demandé, Claude Lemesle et moi, si la seconde phrase n'aurait pas été plus explicite, à savoir* Si la mort n'était pas si longue.

Il y a aussi L'Homme de fer et de velours, *qui évoque une femme amoureuse soumise à un homme manipulateur. N'oublions pas celle dont le titre décroche le pompon de la provocation si on l'imagine dans la bouche d'une femme,* La Salope, *une simple vision féministe des rapports entre hommes et femmes : quand un célibataire a des relations épisodiques, tout est pour le mieux dans le meilleur des mondes, mais dès qu'il s'agit d'une femme qui a plusieurs aventures, très vite elle se voit traitée de « salope », d'où le titre de la chanson. Shocking !*

Personnellement, j'adore toutes ces chansons, mais vu qu'il n'a jamais été question pour moi d'en être l'interprète, je n'ai, à aucun moment, tenté de me mettre à la place de celles qui devraient les chanter. J'ai pris ces échecs successifs comme une fatalité et décidé de passer à autre chose.

Jusqu'au coup de fil de Bernard, tout excité, qui me demande de le rejoindre d'urgence au bureau où il m'attend avec Serge.

J'adore ces moments où l'on se demande si le ciel va vous tomber sur la tête ou si vous allez assister à un miracle. Un peu comme avant d'entrer en scène. Surprise !

Dès mon arrivée, c'est Bernard qui prend d'office la parole, fier à l'avance de l'effet qu'il est sûr de produire :

— Tu vas enregistrer un album avec douze chansons !

Oui, bien sûr, me dis-je, et demain il ne faut pas que j'oublie mon déjeuner avec le pape !

Je dois préciser que jusqu'à ce jour je n'ai commis, en tant qu'interprète de mes propres compositions, que des « super 45 tours », une quinzaine au total, en pleine période yé-yé et deux ou trois autres, derniers sursauts d'Alice-chanteuse à l'aube des seventies. J'avoue que depuis ces ultimes tentatives de réinsertion, je suis pleinement satisfaite de mon nouveau statut de compositeur et que l'idée de reprendre du service sur scène ne m'a plus que rarement effleurée.

Serge, qui me comprend mieux que personne, croit bon d'apporter quelques explications :

— Bernard et moi venons de réécouter en boucle toutes les maquettes des chansons que nous n'avons pas réussi à placer à nos amies chanteuses. Or, la raison de leur refus nous est apparue comme une évidence : jamais elles ne seront capables de les ressentir comme toi. Sans nous en rendre compte, Lemesle, Lebel et moi t'avons écrit du sur-mesure. Alors c'est toi qui vas les enregistrer. Voilà !

Bien sûr, présentées sous cet angle, les choses prennent soudain une autre tournure. Besoin de réfléchir quand même !

La réflexion n'a pas duré très longtemps avant que j'adhère avec enthousiasme à cette honnête proposition. Serge a simplement jugé bon que nous ajoutions à la liste deux chansons identitaires afin de me resituer avec précision dans l'esprit du public.

Une semaine plus tard, il m'a déjà écrit L'Institutri-ste *et* L'Antistar *et souhaite enregistrer cette dernière en duo avec moi sur l'album de mon* « come-back ». *Une riche idée car c'est cette chanson, précisément, qui va devenir la chanson phare du disque et me propulser à nouveau dans la lumière des projecteurs.*

Douze jolies cerises sur mon gâteau !

15
Georges Brassens

Fin 1976

Bien sûr que je connais le nom de Georges Brassens. Comme tout le monde. Mais de là à imaginer qu'un jour il me sera donné de le rencontrer, voire devenir son amie… Impensable ! Et pourtant…

*

— Allô Alice, c'est Daisy…

Daisy est l'ex-épouse de Serge Lama, restée l'attachée de presse de ce dernier et la mienne depuis peu, par voie de conséquence.

— … J'ai une bonne nouvelle pour la sortie de ton premier album 33 tours[1]. Tu voulais absolument une émission de prestige pour qu'on te découvre autrement qu'en ex-chanteuse yé-yé. Eh bien, tu vas l'avoir, ton émission, mais à une condition : il faut absolument que tu composes une musique sur un poème de Maurice Genevoix. Jacques Chancel va lui consacrer son prochain « Grand Échiquier » et il tient à faire cette surprise à son invité. Serge sera là

1. « L'Antistar », 1976.

aussi. Chancel a bien aimé ton album et il pense que ta présence serait légitime, pour évoquer votre collaboration… et tiens-toi bien… si tu réussis à composer cette musique, il te fait chanter trois ou quatre titres de ton disque en direct, accompagnée par le grand orchestre de Pierre Rabbath !

— Waouh !

Que dire d'autre quand on vous allèche avec autant de belles perspectives d'un seul coup ? Bien réfléchir, surtout !

Excepté pour *C'est de l'eau, c'est du vent* avec Pierre Delanoë, et les circonstances exceptionnelles qui m'ont amenée à le faire, je n'ai jamais composé d'autre mélodie sur un texte, et cette idée saugrenue de mettre en musique un poème de Maurice Genevoix, Le Maurice-Genevoix-de-l'Académie française, relève quand même du défi et je trouve la barre un peu haute !

Et miss Daisy de poursuivre :

— … Comme Chancel semble avoir vraiment apprécié ton album, j'ai pris sur moi de lui donner ton accord de principe. Donc un coursier va débarquer chez toi sous peu avec deux textes, alors tu choisis celui qui t'inspire le plus et tu as 48 heures pour nous pondre quelque chose dessus… c'est tranquille n'est-ce pas ? Et puis on te fait confiance, tu as fait pire en moins de temps avec Serge, non ?

Oui, vu sous cet angle-là, c'est tranquille ! Enfin ce l'eût été s'il s'agissait de Lama qui m'a habituée à travailler parfois dans l'urgence, et qui sait que j'aime avoir une carotte sous le nez pour avancer. Mais cette fois la carotte ressemble à l'obélisque de la Concorde, ce qui n'est pas une mince affaire. Surtout pour quelqu'un qui, habituellement, compose d'abord la musique sur laquelle l'auteur se débrouille pour poser ses mots.

Mais Daisy, déjà, ne m'écoute plus. Elle croit simplement bon d'ajouter :

— … Ah oui… j'oubliais… parmi les invités, outre toi

et Serge, il y aura aussi Guy Bedos et Georges Brassens, c'est super, non ?

Ah ça oui, ma chère Daisy. Je dirai même plus : c'est super !

*

Sacré métier ! On m'offre la possibilité de serrer la main à Georges Brassens et de chanter devant lui en même temps que des millions de téléspectateurs découvriront quelques-unes de mes propres chansons ! Mais à quel prix !

Il faut donc absolument que je trouve des notes magiques sur un de ces fichus poèmes de Maurice Genevoix dont je ne connais alors de l'œuvre littéraire que son célèbre *Raboliot*, via le cher prof de français de mon collège à Taverny qui nous faisait disserter jadis sur des extraits choisis.

Quelques heures plus tard, j'ai dans les mains les deux poèmes de notre cher académicien.

Je parcours attentivement le premier. Non... Rien de rien... Comme le dit la chanson, rien ne m'inspire dans ce texte pourtant parfaitement écrit. Je reporte donc tous mes espoirs sur le second : *La Rouquine*.

Déjà, le titre me « parle » car il me ramène d'office à ce surnom dont quelques gentils camarades de classe me gratifiaient autrefois, rapport à ma tignasse feu et bouclée et aux nombreuses taches de rousseur qui parsemaient mon visage de gamine.

Et ce que je classerai ensuite parmi les petits miracles de ma carrière de compositeur arrive : au fur et à mesure que je découvre le poème, des notes surgissent sur les mots, comme venues de nulle part, sûrement parce qu'il y a urgence...

Par la lande et l'ajonc, gardeuse de dindons
Elle allait en balançant sa cotte...

Pointue comme un chardon, grêlée comme un poêlon
Ceux d'ici l'appelaient La Roussotte

Très joli tout ça, me dis-je, mais pas trop le loisir de m'auto-congratuler. Juste le temps de découvrir le texte dans son intégralité, magnifique et émouvant poème sur la rumeur, puis de bondir jusqu'à mon piano droit pour ne pas perdre une note en route, et *La Rouquine* a pris forme, paroles et musique confondues.

Une heure plus tard, informé par Daisy de ma mission vite accomplie, et plus qu'intrigué par ma rapidité d'exécution, Jacques Chancel me propose de venir lui faire écouter la chanson le soir même dans le grand studio des Buttes Chaumont, là où Serge Lama répète déjà pour l'émission.

C'est sous deux regards admiratifs et chargés d'émotion que je finis d'égrener sur mon piano les dernières notes de *La Rouquine*, comme si, le temps d'une chanson, mon étiquette d'ex-chanteuse-yéyé-des-sixties s'était volatilisée. Inenvisageable quelques minutes plus tôt.

Emballé, c'est pesé, Lama et Chancel semblent conquis !

C'est non sans une certaine fierté, et un grand soulagement, que dans la foulée je me laisse étreindre par Serge qui, toujours passionné par l'écriture, a écouté lui aussi très attentivement la chanson. Un élan d'enthousiasme comme ceux dont il me gratifie parfois spontanément, quand il s'emballe pour la musique que je viens de composer sur l'un de ses propres textes, ce qui n'est pourtant pas le cas à ce moment précis. Serge est un être spontanément généreux et tactile qui aime la chanson sous toutes ses formes ! Alors j'accepte l'étreinte comme un compliment.

Une semaine plus tard, je chante ma *Rouquine* à Maurice Genevoix, en direct avec le grand orchestre, devant des millions de téléspectateurs et les larmes que le célèbre auteur académicien essuie au final sont pour moi la plus belle des récompenses. Sans oublier l'honneur qu'il me fera de m'inviter l'été suivant à passer quelques jours avec lui, son épouse et sa fille Sylvie, dans leur magnifique demeure de Javia, en Espagne. Je connaîtrai aussi l'immense privilège de quelques séances de lecture dans son appartement parisien où il exhumera de leurs cartons nombre de ses poèmes en mal de musique et que j'ai toujours conservés précieusement.

Après que j'ai squatté le petit écran avec quatre des douze chansons de mon nouvel album, c'est monsieur Georges Brassens en personne qui vient me serrer chaleureusement la main pour me féliciter de ma prestation dès l'issue de l'émission. Mon cœur bat à mille à l'heure !

— Chère Alice Dona, je trouve qu'il y a bien des idées intéressantes dans vos chansons et j'ai sincèrement apprécié votre façon de les interpréter. Si ça ne vous ennuie pas de me faire parvenir votre 33 tours et ceux qui ne manqueront pas de suivre, c'est avec un grand plaisir que je vous écouterai chez moi, au calme, et que je suivrai, de loin mais très attentivement, votre parcours.

Bien sûr, monsieur Brassens !

Les choses semblent si simples, parfois, avec certaines personnes. Mais quand un géant de la chanson, quasiment statufié de son vivant, vous tient ces propos, difficile de croire que vous êtes bien dans la réalité. Que quelqu'un me pince, s'il vous plaît !

À dater de ce jour, je décide de reprendre mon Brassens à zéro et de potasser son œuvre. J'avoue qu'à l'époque je ne connais de lui que les quelques rengaines entendues à la radio comme *L'Auvergnat*, *Le Gorille*, *Brave Margot* ou *Les Copains d'abord*, parmi d'autres dont j'ai vaguement retenu les mélodies apparemment monocordes sans trop m'intéresser à ce que disaient les mots. Je vais mettre un point d'honneur, désormais, à combler mes lacunes concernant l'œuvre musicale et la poésie du Maître.

Cela va avoir pour effet bénéfique de déclencher désormais chez moi l'irrésistible besoin, dès que j'écouterai une chanson, quelle qu'elle soit, de m'attarder maintenant un peu plus sur les mots, et de faire la fine bouche. Mes chers auteurs n'ont plus qu'à bien se tenir !

À chaque parution d'un nouvel album me concernant, je ne manque pas d'en adresser un exemplaire à mon « nouvel ami » sans omettre d'y joindre systématiquement une aimable missive. En retour, à une semaine d'intervalle, j'ai le bonheur de trouver dans mon courrier une carte manuscrite me remerciant de mon envoi, agrémentée de quelques commentaires du Maître sur celles de mes nouvelles œuvrettes qui l'ont plus particulièrement touché.

Puis, ce qui ne devait être au départ qu'un échange de courtoisie va s'inscrire dans les habitudes avec, à chaque fois, le même retour de réflexions de Georges qui, discrètement, insidieusement, affectueusement aussi, m'amène à un peu plus d'exigence et de rigueur dans ma façon de travailler.

Et ce, jusqu'au samedi 8 septembre 1979...

Bien que n'espérant pas de réponse favorable de sa part, vu que nos relations se résument alors à quelques échanges épisodiques de courriers, je me risque à envoyer une invitation à Georges Brassens pour qu'il assiste à la générale de mon second Olympia en vedette. C'est au moment où je m'étonne de n'avoir pas encore reçu de réponse, quitte à ce qu'elle soit négative, que je découvre dans ma boîte aux lettres l'enveloppe blanche au format standard, mais à l'écriture si reconnaissable :

« Jeudi 6 septembre 79…

Chère amie,

Sauf en cas de décès, d'un ami ou de moi-même, je viendrai ce 20 septembre à l'Olympia me ranger aux côtés de ceux qui vous aiment et m'y ranger en ami, bien sûr, en dépit de mon peu de goût pour ce genre de soirée où le public n'a pas beaucoup de cœur. Je ne doute pas que cette épreuve sera difficile à cause, justement, de cet abominable Tout-Paris, mais grâce à votre grand talent vous la passerez avec tout le succès que vous méritez.

Je vous embrasse bien que vous m'appeliez Monsieur.

Georges Brassens »

Aurais-je un ange qui me protège, me demandai-je en remettant la carte dans son enveloppe ? Mais je m'étonne encore du fait que Georges Brassens n'hésite pas à mentionner au verso de façon manuscrite et en toutes lettres son nom, son prénom et son adresse personnelle ! Quelle belle preuve d'humilité, ou d'inconscience, d'oser s'afficher ainsi comme tous les anonymes, et de prendre le risque possible d'un détournement par des collectionneurs fans de Brassens aux PTT ! J'apprendrai plus tard, au hasard de nos conversations, que cela ne s'est jamais produit. Mais en ce beau samedi de septembre, je me réjouis simplement que cette enveloppe-là soit arrivée à bon port.

Trop fière de mon précieux courrier, je me précipite dès le lendemain à l'Olympia pour informer Paulette Coquatrix et Jean-Michel Boris de la bonne nouvelle en brandissant, tel un trophée, le carton magique. Mais la réaction est bien loin de celle que j'imaginais.

— Ma petite chérie… tu ne te rends pas compte… mais la dernière fois que Brassens a assisté à une générale, c'était pour Brel ! Alors ne te fais pas trop d'illusions…

Paulette n'a pas ménagé son effet. Malgré cela, quelque chose en moi me laisse penser que Brassens ne faillira pas à sa parole. Aussi je laisse dire, convaincue d'avoir raison !

Le 20 septembre, alors que la majorité des VIP débarque aux générales vers 20 h 45, vu que le début du spectacle est annoncé pour 20 h 30, c'est à 20 h 15 que Maître Georges pénètre dans la salle sous les applaudissements enthousiastes du public ébahi, accompagné de Pierre Onteniente, dit Gibraltar, son fidèle secrétaire, et de sa compagne Joha, dite Püppchen – petite poupée en estonien, la langue natale de cette dernière. Puis tous trois viennent s'installer aux places d'honneur qui leur ont été réservées.

Assez surréaliste, la vision de ces seuls occupants au beau milieu du premier rang d'une dizaine d'autres encore vides ! C'est la réflexion que je me fais en observant de la scène mes trois premiers invités à travers le fameux « trou du rideau » derrière lequel je suis allée me planter dès qu'on m'a prévenue de leur arrivée.

À ce moment précis, je suis partagée entre l'immense bonheur que me procure le fait que Georges Brassens ait tenu sa promesse et l'envie de prendre mes jambes à mon cou pour rentrer chez moi, d'autant qu'il a fallu disposer les nouveaux arrivages de fleurs tout au long du couloir qui mène à ma loge pour cause de manque de place à l'intérieur de celle-ci.

Paulette Coquatrix a tenu à me rassurer en me précisant que la dernière fois qu'elle avait vu autant de fleurs c'était pour le dernier récital d'Édith Piaf. Peut-être un peu exagérée la comparaison, et bienvenue à l'angoisse qu'elle vient de me communiquer !

Mais que s'imaginent donc tous ces gens ? Qu'attendent-ils de moi ? Pourquoi toutes ces attentions florales ? Au point que durant la séance de maquillage, en apercevant les bouquets géants dans la glace – entre les télégrammes de

« ce Tout-Paris qui nous fait si peur » (Aznavour a raison !) que j'ai scotchés au fur et à mesure de leur arrivée sur les miroirs –, j'ai soudain la désagréable impression d'être installée dans un cercueil géant.

Pour fuir le sentiment de claustrophobie qui me gagne, je file discrètement me réfugier sur la scène encore vide, là d'où l'on entend la salle s'animer progressivement et où l'on peut se placer à un mètre du premier rang sans que ses occupants ne se doutent que vous êtes là, tout près, juste séparés par le grand rideau rouge.

Leurs bruissements et chuchotements me rassurent puisqu'ils sont venus pour moi. Quelle agréable sensation !

Je n'ai jamais oublié ce premier rang-là, d'autant que mon fidèle Lama est arrivé avec à son bras la magnifique Sophia Loren, récemment promue par moi Fan Number One de Serge, après que nous ayons appris, à notre plus grande fierté, qu'elle recopiait nos chansons dans un cahier à spirales.

Après la soirée, Serge m'a raconté que Georges, fasciné par sa célèbre voisine italienne, n'arrêtait pas de contempler discrètement les jambes interminables qui dépassaient de la robe rouge vif. Un peu plus loin sur la même rangée, au bras de son compagnon Richard Chanfray, était installée Dalida qui avait déjà plus que largement contribué au prolongement du succès de *Je suis malade* en interprétant notre chanson sur scène bien au-delà de l'Hexagone.

Ailleurs on pouvait apercevoir aussi l'ancien champion olympique Guy Drut, Roger Peyrefitte, Amanda Lear, Jean-Claude Brialy, Georges Chakiris et bien d'autres personnalités du monde de la chanson, du sport, du cinéma, de la presse ou de la télévision.

C'est le jeune chanteur argentin Jaïro qui va assurer la première partie devant ce parterre prestigieux tandis que, sachant bien qu'il me faudra tout déballer à nouveau en fin de spectacle, je vais grignoter tranquillement mon club sandwich et assurer le traditionnel rangement de ma loge. Fidèle à mes deux antitracs personnels : manger et faire le ménage !

Entracte. Plus que vingt minutes avant le grand plongeon. La robe blanche au bustier cousu de paillettes est passée, une petite retouche au maquillage, un peu de laque sur le brushing impeccable en insistant sur la mèche pour qu'elle ne descende pas sur les yeux et me voilà prête.

C'est le moment que choisit Paulette Coquatrix pour faire irruption dans ma loge.

— Coucou ma chérie ! ça va ?...

Euh... non ça ne va pas trop, là...

— ... Je t'amène quelqu'un...

Je ne sais pas pourquoi mais quelque chose me dit que c'est lui. Brassens.

Georges vient de s'avancer timidement vers moi, et passe devant Paulette qui disparaît aussitôt. Nous sommes seuls dans la loge et il me tend la main.

— Je suis désolé de venir vous importuner maintenant, mais je ne suis pas trop adepte de la distribution de compliments de l'après-spectacle. J'espère que vous ne m'en voudrez pas de m'éclipser discrètement à la fin. De plus, Püppchen, qui ne sort jamais, a l'habitude de se coucher très tôt... mais je souhaitais vous encourager avant. Je suis certain que tout va bien se passer et ne manquerai pas de vous envoyer un petit courrier demain...

Merci Georges ! Grâce à lui je ne pense même plus à mon trac et au diable la concentration intense ! Mais j'en déduis qu'il ne viendra pas dîner avec toute l'équipe après. Dommage. Je comprends néanmoins ses raisons et l'embrasse en le remerciant infiniment de l'honneur qu'il m'a fait en étant présent ce soir.

— Oh vous savez, j'ai quand même fait un gros effort car la dernière fois que j'ai mis les pieds à l'Olympia, c'était pour voir « l'abbé Brel ! »

Oui, je le sais, Georges, mais je suis dans l'incapacité de répondre alors que je le raccompagne jusqu'à la porte du petit corridor de la loge – où Paulette s'impatiente pour le reconduire à sa place au premier rang. Après l'avoir remercié une nouvelle fois j'ai droit à un regard bienveillant ponctué d'un « à tout de suite et je vous dis merde », le tout accompagné d'un magnifique sourire attendri. Autant d'attentions qui me remplissent le cœur de fierté et de bonheur.

— Tout le monde en place !

Le couperet vient de tomber. Pas le temps de pleurer, même de joie. *The show must go on.*

Le spectacle se déroule très vite, trop vite à mon gré. J'aurais tant voulu appuyer sur la touche *stop* ou *rewind* de temps à autre pour profiter pleinement de tous les instants magiques passés sur scène ce soir-là, recevoir à nouveau ces jolis regards et ces brassées d'amour en retour de ce que j'ai pu donner.

Envie aussi, parfois, d'aller m'asseoir au milieu du public pour savoir ce qu'il pouvait ressentir à travers mes chansons... J'espère que mon père a filmé le spectacle pour me permettre de revivre plus tard la soirée en tant que spectatrice.

Ah ! Grande frustration de l'ego du chanteur que celle de ne pas avoir été dans la salle pour se voir !

Une heure trente plus tard, j'ai réintégré ma loge, épuisée par le trop-plein d'émotions en tous genres. Épanouie, z-enivrée z-et heureuse, comme dans la chanson de Piaf, *La Foule.*

Je réinstalle, comme il se doit, tout mon petit matériel devant la glace, mon après-trac. Vite une douche, sécher ce corps pour le débarrasser de sa sueur, arranger les cheveux au mieux, un raccord maquillage et enfiler le bel ensemble de soie écru prévu pour le dîner.

Je me sens comme une mariée après qu'elle a dit oui à l'église, enfin prête pour aller faire la fête. Mais avant il va me falloir affronter la nuée de photographes, le défilé des vrais et des faux amis de la profession, de la famille, des gens connus ou inconnus qui vont m'encenser de tous les superlatifs de circonstance en ces soirs de première. Magnifique ! Extraordinaire ! Epoustouflante ! Géniale ! Superbe !

Il me faudra tolérer aussi ceux, plus hypocrites, qui se seront bousculés à l'entrée de ma loge pour poser à mes côtés pour les photographes, ceux-là mêmes qui ne me parleront surtout pas de ma prestation mais plutôt de ma belle robe bustier à paillettes, des éclairages somptueux, des musiciens tellement classe, en ponctuant leurs commentaires d'un « quel choc » ou « quelle belle soirée ».

Je remercie, j'embrasse, j'embrasse, je remercie… Puis j'ai soudain hâte d'en finir parce que dans un coin reculé du couloir je viens d'apercevoir Georges et Püppchen…

Le temps me paraît long avant que je puisse enfin rejoindre ces derniers qui semblent m'attendre…

— Donc vous venez dîner ?…

Une question que je leur pose en forme d'affirmation. C'est Püppchen qui répond en roulant les r de son bel accent venu de l'Est, une lueur de malice dans les yeux, tandis que je la salue en l'embrassant, après que Georges nous a présentées :

— Fô*rrr*cément qué nous vénons… dépoui qué la Sophia Lo*rr*en loui a dit qu'elle espè*rrr*e êt*rrr*e assise à côté dé lui pou*rrr* lé dîner, c'est d*rrr*ôle il a changé d'avis !

J'explose de rire en me tournant vers Georges – qui ressemble soudain à un enfant pris en flagrant délit de gourmandise –, pour chercher une confirmation de sa part.

— Euh… ce n'est quand même pas la seule raison, mais j'ai passé une si bonne soirée que je n'ai pas trop le cœur à rentrer... alors si ça ne t'ennuie pas qu'on se joigne à tes amis... mais je n'ai pas noté l'adresse.

Maman ! Georges Brassens m'a tutoyée !

Pas de problème, mon cher Georges. Je propose de les accompagner au dîner dans leur voiture, mais impossible pour moi d'user en retour du tutoiement dont il m'a gratifiée.

— À vos *rrrr*isques et pé*rr*ils ! ironise Püppchen, manifestement inquiète à l'idée que Georges prenne le volant vu que Pierre Gibraltar a choisi de rentrer chez lui.

Et Dieu sait qu'elle a raison ! Le problème, durant le trajet de l'Olympia jusqu'à Beaubourg, c'est qu'à chaque fois que Georges m'adresse la parole, assez souvent donc, plutôt que de jeter un coup d'œil vers moi dans le rétroviseur central, il tourne aussi la tête dans ma direction en faisant de même avec le volant, ce qui a pour conséquence de déclencher des protestations de klaxons tout autour de la petite R5 de notre grand poète qui a quelque peu dévié de sa route. Heureusement, Beaubourg n'est pas loin et c'est indemnes et hilares que nous allons faire tous trois, bras dessus bras dessous, notre entrée triomphale dans le restaurant de l'ami Jean-Pierre Coffe où la majestueuse Sophia Loren attend Georges de pied ferme !

*

48 heures plus tard, je reçois ma carte de remerciements, de tutoiements, de félicitations... Une semaine après, j'ai même droit à un coup de fil :

— Allô Alice, c'est Georges. Pardon de te déranger, mais j'aimerais t'inviter pour déjeuner à la maison la semaine prochaine. J'ai invité Jean Sablon. Je sais qu'il t'aime beaucoup depuis le « Petit Conservatoire » de Mireille et qu'il suit ton parcours avec beaucoup d'intérêt ; c'est ce qu'il m'a dit au téléphone lorsque je lui ai parlé de ton spectacle à l'Olympia. J'aurai grand plaisir à te recevoir à notre table. Tu peux venir vers 11 heures, comme ça nous aurons le temps de faire mieux connaissance.

Clair, simple, direct et précis. Surtout pas envie de refuser. Alors rendez-vous la semaine prochaine au 42 de la rue Santos-Dumont.

À 11 heures pétantes, je sonne en haut des trois marches de la petite maison. C'est le maître des lieux en personne qui m'ouvre la porte et me souhaite la bienvenue. D'office il m'invite à le suivre dans son antre musical du demi-sous-sol en contrebas, un peu plus loin dans le prolongement de l'entrée.

Près de la porte, une guitare est suspendue sur son stand, une autre s'étale sur le petit canapé, au milieu de partitions. Entre les deux, un bureau de chêne jonché de paperasses sur lesquelles un gros chat siamois loucheur semble dormir d'un œil. Étonnant !

Les murs agencés en bibliothèque débordent de livres. Derrière le divan, la baie vitrée donne directement sur le jardin mi-potager, mi-agrément, séparé en son milieu par un petit cabanon vitré. Le long de l'autre mur trône une sorte de clavier massif et bas en bois foncé. Amusé par mon air étonné, Georges croit bon de m'apporter quelques explications.

— Eh oui, je pianote un peu, très mal d'ailleurs, mais ce truc-là me permet de chantonner avec un grand orchestre et je compose souvent dessus aussi. C'est une espèce de synthétiseur de sons, et là-dedans il y a des violons, des cuivres et même des percussions si j'en ai envie. Une fois que je me suis bien amusé avec tous les instruments, je réduis le tout à sa plus simple expression sur ma guitare et Pierre Nicolas fait le reste avec sa contrebasse.

Évidemment ! Je n'aurais pas pensé que les choses puissent s'accomplir musicalement dans ce sens-là. Pour moi, avec

Serge Lama, c'est plutôt l'inverse. Je compose d'abord mes mélodies au piano. C'est seulement la chanson terminée, paroles et musique, que je m'amuse parfois à jouer à l'orchestrateur sur le Farfisa de Serge, un synthé aux sons très approximatifs !

Je ne sais pas ce qu'il me passe par la tête ce jour-là, mais j'ose demander à Brassens de me promettre de faire un quatre mains avec moi au piano si jamais l'opportunité venait à se présenter, que l'on me consacre un jour une émission spéciale. Avoir l'honneur de le voir figurer sur la liste de mes invités serait pour moi le plus beau des cadeaux. Et Georges d'accepter d'emblée ma proposition, bien qu'il ne semble pas convaincu de l'utilité de sa présence. Fausse modestie ou modestie tout court ?

Encore une réaction venue du cœur. Quel bonhomme quand même, me dis-je, tellement touchée par sa générosité ! Même si tout au fond de moi je doute fort que la chance de pianoter avec Brassens devant des millions de téléspectateur se présente de sitôt, même dans mes rêves les plus fous.

Mais revenons rue Santos-Dumont…

En attendant l'arrivée de Jean Sablon, et connaissant ma spontanéité naturelle, Georges est très anxieux à l'idée que j'use, au cours de nos conversations à table, de références ayant un rapport avec le grand âge de son invité. Aussi a-t-il jugé bon de me briefer sur ce dernier, en me déconseillant, surtout, d'évoquer le fait que « mes parents chantaient ses chansons quand j'étais petite », ce qui pourrait, paraît-il, vexer le Monsieur !

Pas de problème, je ferai très attention, mon cher Georges !

Puis je suis conviée à passer dans la salle-à-manger-salon où une belle table est dressée avec quatre couverts.

— Chère Alice, exceptionnellement nous ne mangerons pas de jambon-frites ni de pâtes dans la cuisine, comme j'ai l'habitude de le faire avec mes bons amis Ventura, Chabrol,

Fallet, Mella et les autres. Aujourd'hui c'est ma cuisinière qui nous a préparé le déjeuner. Figure-toi que j'ai acheté la table que tu vois lorsque j'ai reçu pour la première fois Maurice Chevalier à déjeuner. Eh bien, pour fêter ton premier repas chez moi, j'ai renouvelé toute la vaisselle et le linge de maison. J'espère que tu ne la trouves pas trop moche, moi je n'y connais pas grand-chose !

Pas sûr que j'achèterais la même chose pour moi, mais à ce moment précis je suis prête à tout trouver sublime, même un jambon-frites dans la cuisine, et j'apprécie infiniment cette délicate attention de Georges, plutôt touchante et flatteuse pour moi.

— Mais Georges… il ne fallait pas… mais vous êtes fou !

Eh oui… Il arrive parfois de manquer cruellement d'imagination. Trop d'émotion peut paralyser le cerveau !

Et Georges de rétorquer :

— Et puis si tu peux arrêter le vous… c'est quand tu veux !

Bien sûr ! J'voudrais bien, mon cher Georges, mais j'peux point !

Avec le temps, peut-être…

Quand nous passons à table, c'est Jean Sablon, l'idole de mon père avec Tino Rossi, qui ouvre le feu :

— Chère Alice, je suis ravi que nous nous retrouvions chez notre cher Georges. Je me souviens très bien de vous en mai 1967 lors de votre embarquement pour le Québec sur le paquebot *France* au Havre où j'avais rejoint notre chère Mireille et son « Petit Conservatoire ». Je vous enviais beaucoup de faire cette belle traversée mais des problèmes de santé m'empêchaient de me joindre à vous. Je tenais aussi à vous féliciter pour votre prestation dans le « Grand Échiquier ».

Jusque-là, tout va bien !

— Mais vous me connaissez peut-être moins bien que je vous connais, à moins que vos parents vous aient fait écouter quelques-unes de mes chansons quand vous étiez petite ?...

Patatras ! Toute la théorie de Georges concernant la soi-disant susceptibilité de Jean Sablon vient de s'effondrer. Devant la mine stupéfaite de notre hôte devenu muet, j'ose même me hasarder à fredonner spontanément l'air qui me revient aussitôt en mémoire, à savoir : *Vous... qui passez sans me voir... sans même me dire bonsoir... donnez-moi... un peu d'espoir ce soir... j'ai tant de peine, vous... dont je guette un regard...*

J'adore ce beau sourire d'enfant malicieux que Georges vient de m'adresser, comme pour me dire : « Bon, ça va, tu as gagné ! » Et nous voilà, Brassens, Sablon et Dona, continuant la chanson de concert.

Je n'ai qu'un regret en fredonnant cette musique qui a bercé ma petite enfance : que mes parents ne puissent vivre ce moment précis avec moi, eux que j'ai entendus maintes fois chanter ce refrain en duo, lors des fêtes en famille. Je sais qu'ils écarquilleront les yeux « grand comme ça » lorsque je leur raconterai ce mémorable déjeuner, mais aussi qu'aucun mot ne sera jamais assez juste ni assez fort pour leur communiquer ce que j'ai pu ressentir en la chantant.

Puis il y aura d'autres « Viens déjeuner », ou « Passe boire un thé », d'autres dîners aussi.

De grands moments, tous plus enrichissants les uns que les autres, que ce soit sur le plan humain ou professionnel.

Avec le recul, je pense pouvoir affirmer aujourd'hui qu'un après-midi chez Brassens, que j'ai enfin réussi à tutoyer sous la menace et à force d'efforts, valait largement un séjour de remise en forme en thalasso !

31 décembre 1979

Difficile de trouver le moyen d'inciter Georges à venir avec Püppchen passer le dîner du réveillon du jour de l'an dans ma campagne, à 45 km de Paris. Néanmoins, j'ose lancer l'invitation et la réponse ne se fait pas attendre.

Primo : il fait une allergie aux fêtes dites obligatoires. Secundo : Püppchen n'acceptera jamais qu'il conduise, ce que je conçois très bien depuis le court trajet Olympia-Beaubourg dans la petite R5 !

À moi maintenant de présenter mes arguments pour le convaincre : je propose de venir le chercher et de le raccompagner chez lui, et précise que nous ne serons que six en tout, lui et Püppchen, mon mari et moi, plus Lama et sa compagne Michèle, auxquels je voudrais faire la belle surprise de sa présence…

Gagné ! L'ours vient d'accepter de sortir de sa tanière !

Je suis aux anges, et pour cause : Georges ignore encore que lorsque j'habitais Paris, bien avant de le rencontrer, j'avais pour habitude de réunir chez nous quelques amis auteurs lors du réveillon du jour de l'an, et, traditionnellement la nuit se terminait en joutes poétiques entre auteurs-interprètes guitaristes. Il faut préciser que ces derniers maîtrisaient leur Brassens sur le bout des doigts, ce qui m'agaçait un peu, vu le manque de connaissance que j'avais alors en la matière, mais grâce à eux je découvrais un peu plus du répertoire du poète chaque année. Je sais que je leur dois beaucoup aujourd'hui, dans mon initiation première !

C'est en repensant à ces soirées, auxquelles Serge avait souvent participé, que l'idée de partager « Georges en vrai » avec lui en ce 31 décembre m'est venue. Lama m'a prouvé à maintes occasions qu'il connaît tout son Brassens par cœur et je sais son envie de vivre un jour des instants privilégiés avec celui qu'il considère depuis toujours comme l'un de ses maîtres en matière d'écriture.

Or, j'ai souvent vu les yeux de Serge briller d'une jolie lueur quand je lui raconte les beaux moments que je passe parfois rue Santos-Dumont.

Serge, avec cet esprit naturellement méfiant et parfois tordu qui le caractérise quand il s'agit des rapports d'amitié hommes-femmes, est d'ailleurs intimement persuadé que Georges est forcément un peu amoureux de moi – ce qui m'amuse beaucoup. Il est incapable d'envisager une seconde que je puisse figurer au même rang que les « copains » de Brassens vu que je suis une femme. Oh le vilain misogyne !

Sachant la grande estime que Georges porte à mon complice, j'ai préféré ne pas lui relater ces pensées étranges venues d'ailleurs. Profitons plutôt de cette belle occasion de mieux se connaître !

Georges va me faire l'immense joie de m'offrir ce jour-là le coffret 33 tours de ses œuvres complètes dédicacé en y joignant un classeur rempli de brouillons manuscrits de ses chansons, toutes signées de sa main, enregistrées ou inédites.

— Il paraît qu'on m'apprend dans les écoles, c'est un peu comme si j'étais déjà mort et ces gribouillis n'auront de valeur que celle que tu voudras bien leur accorder, mais j'ai pensé qu'ils seraient entre de bonnes mains.

L'arrivée de Serge vient de couper court à l'émotion qui me gagne alors que je ne mesure pas encore à sa juste valeur le sacrifice qu'a consenti Georges en se séparant, pour me les offrir, de ces traces écrites – qui symbolisent concrètement les moments si rares et si intimes de la création.

Je n'oublierai jamais l'expression de Serge découvrant la présence de Georges dans la maison. Lama fait partie de ces hommes qui ne pleureront jamais devant vous, même si c'est de joie, mais qui sont capables de vous serrer dans leurs bras à vous étouffer lorsqu'ils sont heureux ou émus. Je crois pouvoir affirmer ce jour-là que Serge est très heureux et très ému, à en juger la façon dont il vient d'étreindre Georges dès son arrivée, et moi dans la foulée.

Je me rappelle aussi la réflexion qu'il m'a lancée lorsque je lui ai montré les brouillons manuscrits offerts par Georges qu'il m'a aussitôt retirés des mains pour les feuilleter avec avidité.

C'est en grommelant de jalousie qu'il m'assène, en me rendant le classeur après lecture de quelques pages :

— Tiens… c'est vraiment donner du foie gras à des cochons !

Et Georges de se confondre en excuses pour ne pas avoir songé à apporter quelques brouillons à Serge, non sans m'avoir glissé en même temps un regard amusé.

La soirée s'inscrira, bien évidemment, au rang de celles que l'on marque d'une pierre blanche et, bien que Georges m'ait informé de son intention de ne pas partir trop tard, c'est vers 2 heures du matin qu'elle va prendre un tournant inattendu pour se prolonger jusqu'à l'aube – au grand dam de Püppchen qui tombe de sommeil.

Pour prouver à Georges qu'il connaît son œuvre par cœur mais qu'il conserve son sens critique, mon Serge préféré entreprend de vouloir convaincre le Maître que sa *Supplique pour être enterré sur la plage de Sète* aurait rencontré plus de succès si elle avait été amputée de quelques couplets. Il est vrai que la chanson en compte treize et dure plus de sept minutes, soit le double du temps d'une chanson traditionnelle.

C'est très amusé et apparemment rompu à la critique, que Georges lance alors le défi à Lama de lui prouver que c'est possible. Autant demander à un aveugle s'il veut voir. Et Serge de chanter le premier couplet… Et Georges de démontrer par moult explications qu'il est impossible d'enlever celui-là. Et Serge d'enchaîner sur le suivant... Et Georges de repartir en démonstration...

C'est au petit matin, bien après que chacun a campé sur ses positions concernant la *Supplique*, et quelques évocations d'autres chansons de Mireille ou de Trenet reprises en chœur par notre petite tablée, que Serge et Michèle proposent à Georges et à Püppchen de les raccompagner sur Paris. J'avoue que cela m'arrange bien...

Le temps pour moi de remettre un peu d'ordre dans la maison et de m'effondrer comme une bienheureuse sur mon lit... jusqu'à ce que le téléphone sonne. À 8 heures pétantes !

— Allô Alice, c'est Georges, j'espère que je ne te réveille pas !

Euh... si... un tout petit peu quand même. Celui que l'on surnomme l'ours ne dormirait-il donc jamais ?

— Je voulais que tu dises à ton copain Lama que depuis *Le Gorille* beaucoup ont tenté de me faire changer des trucs dans mes chansons mais fort heureusement je n'ai jamais cédé. Alors ton pote, je l'aime bien, il est très sympa et nous avons passé une soirée formidable, bien qu'il m'ait un peu agacé quand même. Tu peux le lui dire. Mais je l'aime bien. Tu peux lui dire aussi. Et je te remercie pour ces bons moments... une très bonne soirée... vraiment. À bientôt j'espère. Püppchen t'embrasse, et moi aussi, et encore tous nos meilleurs vœux.

Un premier de l'an comme on rêverait d'en passer plus souvent !

Je glisserai rapidement sur le duo mémorable que nous avons fait, Georges et moi, lors d'un quatre mains au piano dans mon « Numéro Un » à la télévision.

Il a tenu une nouvelle fois sa promesse en acceptant de chanter avec moi un titre de mon répertoire, *Chanson hypocalorique*, une terrible épreuve d'articulation que je dois à Claude Lemesle et dont Georges s'est acquitté avec brio.

Un moment d'exception que celui-là, offrant aux téléspectateurs le privilège de le voir jouer et chanter au piano, une bonne occasion aussi de passer une fin de soirée inoubliable avec tous les invités de mon émission, venus eux aussi chanter en duo avec moi, et de voir réunis autour de la même table Brassens, Püppchen et Lama, bien sûr, mais aussi notre chère Annie Girardot, Richard Cocciante et Patrick Sébastien, alors débutant. Encore quelques heures magiques de cette belle amitié qui continuait.

Je m'attarderai sur une autre de ces belles journées qui laissent une trace indélébile dans le cœur des gens, en l'occurrence celui de Laurent, l'homme de ma deuxième vie, que Georges ne connaît qu'à travers ce que je lui en ai dit. Or, ce dernier a souhaité inviter Laurent à déjeuner pour mieux le connaître. Aussi ai-je préféré réserver la surprise à mon compagnon en disant à celui-ci que nous étions conviés tous deux chez un copain d'enfance qui tenait absolument à le rencontrer. Pas forcément enthousiasmé par l'idée, il a fini par accepter, sentant que cela me ferait plaisir.

Je n'oublierai jamais la tête de Laurent, passionné de littérature et des grands auteurs de chansons comme Ferré, Nougaro, Brassens, quand je lui ai demandé de sonner au 42 de la rue Santos-Dumont, et que c'est Georges en personne qui lui a ouvert la porte. Un très... très grand moment !

Été 1980

Depuis qu'il partage son temps entre Paris et sa maison de Lézardrieux, en Bretagne, parce qu'il a renoncé à partir en tournée pour cause de grande fatigue, on se voit moins avec Georges, mais on garde le contact en se téléphonant de temps en temps.

Cette année-là Georges a pris ses quartiers d'été à Sète, ce qui m'apparaît tout à fait légitime, connaissant ses liens avec la ville de son enfance et les amis qu'il aime y retrouver.

— Allô chère Alice, c'est Georges...

Merci pour la précision, mais même ma boulangère l'aurait reconnu au téléphone !

— Je voulais juste savoir comment tu vas. Besoin aussi d'entendre une voix familière. J'ai appelé les copains mais la plupart sont déjà par monts et par vaux. Les vacances... la famille... !

La voix est là, mais le débit est plus lent et je sens bien que le sourire n'y est pas. J'éprouve aussitôt une drôle de sensation.

Pas drôle du tout, d'ailleurs.

Après que j'ai bredouillé quelques mots convenus du style : « Ah ça me fait plaisir de t'entendre... tu es où ?... Ah bon ? À Sète ?... et ça se passe bien ton été ?... tu as beau temps, j'espère ?... tu reviens quand sur Paris ?...», Georges m'interrompt sur un ton qui ne me plaît pas du tout.

— Je ne pense vraiment pas remonter sur Paris. Je vais rester à Sète maintenant...

Ah bon ? Il vend la rue Santos-Dumont ? Et Püppchen, elle est d'accord pour vivre à Sète ?

— ... Ce n'est pas que je veuille prendre ma retraite ici, mais j'ai des problèmes de santé et les toubibs pensent qu'il ne serait pas raisonnable de revenir sur Paris, ils me déconseillent le voyage dans l'état où je suis. Ils préfèrent que je me fasse soigner sur Montpellier...

Je ne veux pas entendre la suite. Brassens malade ? Très malade ? Et il ne m'en aurait jamais parlé ? Impossible.

Je sais seulement que depuis les années soixante il souffre de calculs rénaux et de crises aiguës de coliques néphrétiques, pour lesquels il a déjà subi des opérations, mais apparemment cela n'a jamais eu d'incidence grave sur ses activités, ou alors je l'aurais su, par lui ou par quelqu'un de son entourage, non ?

Mais voilà que c'est moi qu'il appelle pour parler de ça, juste aujourd'hui, en plein cœur de l'été ! Oui, pourquoi moi ? Et pourquoi ai-je fait cette belle rencontre-là si nous ne pouvons pas nous revoir de sitôt ? Je fais quoi maintenant ? Je prends un billet pour Sète ?

J'éprouve la désagréable et honteuse sensation d'être passée à côté d'une chose essentielle en n'ayant pas décelé le moindre signal de la maladie qui le rongeait. Une boule vient de se bloquer au creux de mon estomac.

Égoïstement, je songe que j'ai encore tant de conseils à recevoir de lui, tant de choses à lui demander, et de nouvelles chansons à lui faire écouter ; j'ai une envie folle d'autres jambon-frites dans la cuisine de la rue Santos-Dumont et de repartir comme à l'accoutumée avec ma petite pile de livres chinés par lui chez les bouquinistes. Comme à chaque fois qu'il m'en a déjà confiés il me demandera de les lui rapporter dès que je les aurai lus vu qu'il n'en a qu'un seul exemplaire de chaque ; mais, comme à son habitude, il aura trouvé, dans l'intervalle, le temps de les retrouver « par hasard » et je serai donc autorisée à les garder. Il aura même pris la peine de marquer ou d'annoter les pages de certains poèmes dont il pense qu'ils pourront m'inspirer de bons sujets de chansons.

Georges vient interrompre le cours de mes pensées en ajoutant que Lolo lui semble être un mec bien, qu'il nous souhaite le meilleur, et nous recommande de ne pas nous laisser bouffer par le métier ou par les enfants. Penser d'abord à nous. Puis il m'embrasse bien fort et termine avec un « à bientôt j'espère » que je n'aime pas.

Un coup de téléphone en forme d'au revoir… Mais on se revoit quand ?

Automne 1981

Je suis provisoirement co-animatrice avec Jacques Pradel d'une émission hebdomadaire sur France Inter dont je suis assez fière puisqu'elle est consacrée essentiellement à des jeunes chanteurs de talent que je m'efforce de faire découvrir sur l'antenne. Notre « clé des chants » a pris sa vitesse de croisière et le courrier des auditeurs augmente au fil des jours. Une célébrité parraine chaque semaine le premier disque d'un artiste inconnu. Un vrai bonheur pour moi de penser que, par le biais de cette aventure radiophonique, je pourrai peut-être fournir à ces jeunes chanteurs débutants une chance supplémentaire de se faire connaître du grand public. Ce sera le cas pour le groupe Les Forbans (que je vais bientôt retrouver en tournée en 2011), de Gérard Berliner (hélas tout récemment disparu) ou de Nathalie Lhermitte (merveilleuse interprète de Piaf à travers le monde), trois jeunes talents qui vont faire une jolie carrière.

Cette envie profonde que j'ai alors de transmettre ma passion pour la chanson et d'aider les jeunes talents continuera de faire son chemin et m'incitera, quelques années plus tard, à créer ma propre école de formation artistique[1].

Vendredi 30 octobre 1981

Depuis une heure, comme à l'accoutumée, je prépare mon émission à France Inter dans le bureau de Jacques Pradel.

1. Ateliers Alice Dona de 1988 à 2003.

Coup de fil de la secrétaire de Jean-Pierre Farkas, directeur des programmes de la station. Ce dernier souhaite me voir immédiatement dans son bureau.

Houlà ! J'ai dû encore faire une bourde à l'antenne ou alors c'est ma chienne Sucette qui a encore grignoté les fils des micros dans le studio pendant la dernière émission, ce qui ne manque pas de provoquer parfois quelques problèmes techniques. Au point qu'un arrêté interdisant les chiens dans la maison de Radio France risque d'être prochainement voté.

C'est en ouvrant la porte du bureau du directeur que je comprends que le moment est plus que grave, et bien au-delà de tout ce que je pouvais imaginer quand la nouvelle me tombe dessus :

— Georges est mort.

Le nom n'a pas été prononcé, mais j'ai compris immédiatement.

Farkas s'est levé et m'a prise dans ses bras. Puis on a pleuré ensemble, sans un mot, sans autre explication. Nous n'en avions besoin ni l'un ni l'autre.

Jean-Pierre est de ces rares privilégiés que Georges surnommait en musique « ses copains d'abord », et dont j'ai la fierté d'avoir fait partie, même sur le tard, même pas assez longtemps. Avec ceux-là, il n'a jamais été utile d'ajouter des mots aux émotions ressenties.

Je ne sais plus combien de minutes se sont écoulées avant que Jacques Pradel ne nous ramène à la réalité en pénétrant tout affolé dans le bureau, inquiet de ne pas m'avoir trouvée dans le studio alors que nous devons prendre l'antenne dans quelques minutes, juste après les infos pendant lesquelles la nouvelle sera annoncée sur un ton de circonstance :

— Avant de retrouver Alice Dona et Jacques Pradel dans « La clé des chants », c'est avec une profonde tristesse que nous sommes au regret de vous annoncer le décès dans la nuit de Georges Brassens, des suites d'une longue maladie…

Dieu, qu'elles m'énervent, ces phrases toutes faites ; ils auraient pu trouver quelque chose de plus créatif, de plus inventif. Il s'agit de Brassens, quand même, merde !

Aujourd'hui, c'est Georges qui a pris la « clé des chants ».

1990

Il m'aura fallu huit ans pour trouver la réponse à la question que je me posais, à savoir le pourquoi de cette belle mais trop brève rencontre avec Georges. Et durant huit ans je vais garder au fond de moi ce sentiment de culpabilité d'avoir tant reçu de sa part alors que je lui ai si peu donné de moi.

C'est la commande inattendue d'un spectacle à créer autour de l'œuvre de Georges, avec les élèves de mon nouvel atelier d'artistes, qui sera présenté lors des rituelles « Journées Brassens » à Sète, qui va m'apporter un début de réponse.

Dès les premières heures de travail, j'ai en tête une phrase que Georges m'a lancée un après-midi, durant une énième visite que je lui rendais rue Santos-Dumont, après qu'il avait lu un article sur lui dans la presse quotidienne :

— Et voilà ! Lis-moi ça ! On dit encore que je suis un grand poète, mais jamais un musicien !

C'est à partir de ce sentiment de frustration que je vais m'atteler à la préparation du spectacle et à la mise en valeur de ses mélodies, apparemment simplettes.

C'est en écoutant plus attentivement ses musiques et en les adaptant sur mon piano que je me rends seulement compte de la richesse harmonique et de l'originalité des compositions du « grand poète ». Dire que beaucoup sont passés à côté de ça !

Et moi avec !

Mais en même temps je comprends que nombre d'entre nous ont pu confondre l'aspect monocorde de l'accompagnement presque systématique guitare/contrebasse sur la voix de Georges avec l'absurde idée reçue que ses musiques se ressemblaient toutes, d'où l'impression d'une pauvreté mélodique.

Ridicules et incompétentes petites oreilles que nous sommes !

Au fil des heures passées à mon piano pour mieux appréhender le compositeur, je me rends compte que rien n'est comme je le pensais et je réalise aussi pourquoi Georges se plaisait tant à habiller ses mélodies de violons, de cuivres et de batterie sur son vieux synthé dans le bureau de la rue Santos-Dumont.

C'est forte de ces images que j'imagine *Mourir pour des idées* en gospel, *Les Amoureux des bancs publics* en valse mexicaine, *L'Orage* en rock endiablé, *Je me suis fait tout petit* en reggae... En tout, une quinzaine de chansons revisitées à la sauce Dona.

Le spectacle s'appellera « Génération chante Brassens ».

Sur la scène du grand théâtre municipal de Sète, lors du prestigieux gala de clôture des Journées internationales Georges Brassens, devant un parterre trié sur le volet des amis de Georges – célèbres peintres, réalisateurs, auteurs, comédiens, chanteurs ou personnalités locales –, les dix chanteurs qui composent le groupe vont recevoir au final une standing ovation de vingt minutes. Vingt minutes pendant lesquelles toute la troupe se sent troublée, comme si une ombre flanquée d'une guitare planait au-dessus de sa tête pour prendre avec elle les bravos du public. Sa récompense à lui.

Une ombre douce et rassurante.

C'est un an plus tard, après avoir eu la chance d'enregistrer les chansons sur CD grâce à la maison de disques Trema, que la première du spectacle parisien se déroule à Bobino le 22 octobre 1991 – jour anniversaire de la naissance de Georges –, pour deux semaines, avant d'enchaîner au théâtre Marigny pour deux mois, après quoi le spectacle partira en tournée pendant plus d'un an. Notre façon à nous de célébrer aussi les dix ans de la disparition de Brassens.

Mais le plus beau des compliments me sera fait par le comédien Jacques Fabbri, un rescapé des *Copains d'abord*, le soir de la première de la troupe à Bobino.

C'est des larmes plein les yeux que Jacques s'est précipité vers moi pour me serrer fort dans ses bras.

— Merci, oh Alice, merci du fond du cœur. Tu sais... Je suis persuadé que si Georges avait pu voir ce spectacle, il serait toujours là !

C'est peut-être simplement pour que ce spectacle existe un jour que j'ai eu ce *Rendez-vous avec vous*[1]...

Pardon, je voulais dire avec toi, mon cher Georges.

1. En référence à l'une des chansons de Georges Brassens.

Parenthèse 7

La machine est lancée et ne semble pas vouloir s'arrêter.

Chaque matin en me réveillant dans ma charmante maison de campagne, c'est comme si je sortais d'un joli rêve pour entrer dans un autre encore plus beau : celui de ma réalité quotidienne.

Vivre d'un métier qui vous passionne dans un environnement qu'on n'aurait pas osé imaginer, que de privilèges et de petits bonheurs permanents !

Je me sens comme une enfant enthousiasmée par l'idée d'aller chaque jour en classe. Mes parents m'ont raconté que lorsque j'étais gamine, comme j'avais une tendance à faire de nombreuses bêtises, la seule façon pour eux de me punir était de me menacer de ne pas aller à l'école. Effet immédiat garanti et la petite diablesse redevenait sage comme une image.

Aujourd'hui j'éprouve toujours cette hâte « d'aller à l'école » même si la mienne ignore les mercredis, les week-ends et les jours fériés. J'ai l'impression d'être une aventurière qui, chaque jour, part à la découverte. Ne pas savoir de quoi demain sera fait m'excite au plus haut point.

Seuls mes parents s'inquiètent encore de la précarité de l'après-succès.

Au fil du temps, je prends conscience aussi de mon aptitude au travail et ne m'en lasse pas puisque j'ai la chance de ne faire que ce dont j'ai envie.

Pour le moment je n'ai qu'une chose en tête : l'enregistrement de mon prochain album, « De la tendresse », et chaque jour passé en studio me rassure. Que ce soient les arrangements superbes de José Souc ou les textes sur mesure que m'ont écrits Claude Lemesle, Pierre Delanoë ou Jean-Loup Dabadie, j'adore toutes les chansons de ce disque, sans exception.

Oui, vraiment, je me sens prête à affronter tout ce qui peut encore m'arriver.

De prévu ou d'imprévu. Du meilleur jusqu'au pire.

Je prends tout !

16

Jean Seberg

1978

— Alice, désolé de vous interrompre, mais on vous demande au téléphone...

Bientôt trois heures que je pose ma voix sur les orchestrations magnifiques de mon collègue et néanmoins ami José Souc et voilà que notre cher Eddy Marouani a jugé bon de m'interrompre juste au moment où je sentais bien cette prise de *L'Étranger du vieux moulin* – une des nouvelles chansons écrite par mon fidèle Claude Lemesle et que j'enregistre en vue de la sortie de mon nouvel album.

Qu'y a-t-il donc de si important pour qu'on ne me laisse pas terminer mon couplet ?

OK, je pose mon casque, avale une bonne gorgée d'eau et me dirige vers la cabine de son. Eddy fait partie de cette dynastie d'impresarii sur lesquels le show-business ironise souvent en affirmant que les chanteurs ne s'endorment jamais en comptant les moutons, mais en comptant les Marouani !

Or, cet Eddy-là est le Marouani impresario de Serge Lama, et, depuis peu, grâce à ce dernier, le mien. Il a tenu à s'imprégner de mes dernières chansons car il devra ensuite vanter les mérites de sa nouvelle artiste pour décrocher la ou les tournées qui nous mèneront, j'espère, jusqu'à la récompense suprême du travail accompli : l'Olympia en vedette !

En entrant dans la cabine, je constate que techniciens et musiciens retiennent leur souffle. Eddy me tend le téléphone, la main sur le combiné et murmure à voix basse à mon intention :

— C'est madame Jean Seberg qui veut absolument vous parler...

Oui, bien sûr ! Et moi j'ai rendez-vous avec Paul Newman pour faire un duo !

Quelle est donc cette gentille farceuse qui n'a rien d'autre à faire que de nous bousiller notre enregistrement en se servant de ce ridicule subterfuge ? Et d'abord pourquoi Jean Seberg ?

C'est donc sur un ton passablement énervé que je lance un « Allô » sec et tranchant.

— Hello... vous êtes bien Alice Dona ?

Mais oui, évidemment, c'est moi ! Et vous, vous êtes qui ? En entendant cette voix féminine à l'autre bout du fil, qui parle un français maladroit avec un accent anglais à couper au couteau, je continue d'abord de penser à une plaisanterie, mais au fur et à mesure que l'échange s'installe, je me pose des questions...

— Bonjour... désolée de déranger... jé soui Jean Seberg (prononcer D'jinn Sibeurg)

Oui, d'accord. Ça, on me l'a déjà dit. Enchantée, madame ! C'est elle ou c'est pas elle ?

— Jé soui vraiment sorry de arrêter vous de chanter, mais c'est le boureau de Eddy Marouani qui m'a dit d'appeler le stoudio, et Eddy me dit que c'est pas un problème de parler avec vous...

Ah ? Eh bien, si Eddy l'a dit...

À partir de ce moment, les choses deviennent plus crédibles, mais je ne comprends toujours pas le pourquoi de l'appel.

— Je veux absolutely vous lire des poèmes que moi j'écris et vous après me dites si vous pouvez mettre votre miousique dessous...

J'ai dû sortir mon calepin machinalement tout en me répandant en compliments.

— Oui bien sûr... je suis très flattée de vous entendre... Écoutez, je suis en studio jusqu'à la fin de la semaine... mais lundi prochain si vous voulez...

Elle a sauté de joie, enfin... j'imagine !

— Yeah ! Wonderful ! Lundi c'est perfect ! 14 heures, c'est bien for you ?

Évidemment que lundi c'est bien for me ! Pensez donc : Jean Seberg, *À bout de souffle*, Belmondo, Godard, la nouvelle vague des sixties, mon adolescence... Trop d'images se bousculent au portillon. Elle reprend :

— Je souis désolée encore mais je peux vous demander oune faveur que vous apportez lundi à moi ?

Euh... ça dépend... dites toujours, madame Jean !

— Je voudrais des fleurs please... Je n'ai pas de fleurs ici...

Ah bon ? Bah pourquoi ? Elle n'a pas de quoi s'en acheter ? Je préfère ne pas aller plus avant dans ma curiosité et allons-y pour les fleurs. Rendez-vous compte : Jean Seberg n'a pas de fleurs et c'est à moi, Alice Dona, l'ex-chanteuse yé-yé, qu'elle demande de lui en apporter ! C'est pas énorme, ça ?

Je m'enquiers de son adresse, elle me remercie d'avance en se confondant en excuses, puis c'est à mon tour de la remercier de l'honneur qu'elle me fait... Bla-bla-bla... et je raccroche. Hop là ! Enveloppé, c'est pesé !

J'adore la tête des techniciens et des musiciens dont les regards sont restés suspendus à mes lèvres dès qu'ils ont su qui était mon interlocutrice. C'est José, celui qu'on surnomme le chef, qui se lance.

— Alors ? C'était vraiment elle ?

Je me suis bien amusée quand je les ai laissés sur leur faim en frimant :

— Bah oui… c'était Jean Seberg… et alors ? Allez ! On y retourne, on a du travail !

Dès le lendemain, je me charge de faire livrer un énorme bouquet de roses roses à l'adresse que l'actrice m'a indiquée à Meudon, là où elle semble résider quand elle est en France.

*

Le lundi à 13 h 45 je suis stationnée à 50 mètres du double portail de fer forgé, ouvert sur ce qui ressemble à un manoir.

Sur la grande avenue bordée de marronniers où passent de rares voitures, il n'y a que d'imposantes maisons cossues noyées dans des écrins de verdure.

Dans un premier temps, je décide de partir en repérage à pied vers le portail. Sur le premier pilier de celui-ci, il y a une plaque scellée où l'on peut lire : « Clinique psychiatrique ».

Pensant que j'ai dû faire une erreur en notant, je lis et relis l'adresse que Jean Seberg m'a donnée au téléphone quelques jours auparavant… Non, c'est bien la même. Le ciel me tombe sur la tête

Puis je pense à une mauvaise blague et tout commence à s'éclaircir dans mon esprit. J'y vais ? Je n'y vais pas ?

Tant pis ! Jouons le jeu si c'en est un et allons jusqu'au bout de cette étrange aventure.

Je pénètre dans l'allée, puis dans le bureau d'accueil du bâtiment principal de l'établissement. Besoin d'avoir le fin mot de cette histoire insensée. Je me présente à la secrétaire en lui précisant que j'ai rendez-vous avec madame Seberg.

— Ah oui, je vois 14 heures, Alice Dona... ah c'est vous ?...Eh bien vous faites bien plus grande qu'à la télé !... Vous avez une voiture ?... Alors vous pouvez entrer avec dans le parc et vous garer devant le pavillon C. Vous frappez au bureau de l'infirmière de garde qui vous ouvrira.

L'infirmière... qui m'ouvrira quoi ?

Quand cette dernière déverrouille la porte de la chambre 32, je suis dans mes petits souliers.

Le soleil illumine toute la pièce à travers le voilage d'une haute fenêtre derrière laquelle on aperçoit des barreaux.

À droite une coiffeuse sans glace sur laquelle trône un énorme bouquet de roses roses à côté duquel est posée une carte... Waouh ! C'est mon bouquet !

Aux murs on devine le relief d'un ancien motif géométrique sur le papier peint badigeonné de blanc. Une grande armoire et une chaise paillée, blanches, elles aussi. Seuls contrastes dans ce décor aseptisé : un vieux fauteuil de velours râpé vert olive et deux tables de nuit en chêne clair.

Jean Seberg est assise en tailleur sur le grand lit, au milieu de pages dactylographiées éparpillées, pantalon corsaire bleu marine, chemise blanche au col largement ouvert. Elle vient de remettre en place ses cheveux blonds mi-longs d'un revers élégant de la main et me regarde en souriant.

Comme si elle poursuivait une conversation que nous aurions commencée ensemble depuis un long moment elle me dit tout de go :

— Ah ! ça y est ! je l'ai trouvé !... c'est ce poème-là que je « viou » te montrer...

À peine le temps de la saluer avec les mots d'usage que Jean me fait signe de venir m'installer à côté d'elle sur le grand lit. Je questionne du regard l'infirmière qui m'aide aussitôt à me débarrasser de mon manteau et de mon sac, non sans m'avoir glissé auparavant à voix basse :

— Allez-y, ne vous inquiétez pas, c'est normal. Mais ne restez pas plus d'une heure, s'il vous plaît. Après, elle est trop fatiguée. Quand vous aurez terminé, vous appuyez sur le bouton lumineux et je vous ouvre.

Jean m'a tendu la main pour m'aider à m'installer près d'elle. En tailleur. Comme elle.

Me voilà donc assise dans le même lit que Jean Seberg. SUR-RE-A-LIS-TE !

Tantôt elle me parle de sa vie, tantôt elle me lit ses poèmes, avec l'enthousiasme et la force de persuasion de l'actrice qui veut absolument décrocher un rôle. Puis soudain elle s'arrête et se fige, le regard triste et perdu dans un brouillard sans fin. Des absences de trois ou quatre minutes pendant lesquelles elle ne dit mot, mais qui me paraissent une éternité.

Que faire ? Que dire ? Et surtout pourquoi moi ?

Puis elle engage à nouveau la conversation comme si rien ne s'était passé. Exactement la même que lorsque je suis entrée dans cette pièce. Comme si l'on rembobinait la bande d'un magnéto à son point de départ.

— Ah ça y est ! Je l'ai trouvé ! C'est ce poème-là que je viou te montrer !

Maintenant elle me montre les fleurs que Romain Gary lui a envoyées (mais non ! c'est mon bouquet à moi !), elle ajoute que de toute façon il ne vient jamais la voir... D'ailleurs personne ne vient jamais la voir. Elle n'a plus de famille et sa petite Nora est morte deux jours après sa naissance. Romain n'a même pas pleuré, pourtant c'était sa fille, mais ils étaient en train de divorcer, alors il s'en foutait !... Et Jean de s'effondrer sous un torrent de larmes qui s'arrête net pour la laisser s'enfoncer dans un nouveau brouillard.

Comment réagir devant tout ce désespoir qui semble s'être accumulé au fil des années et dont elle ressasse les images dans sa tête comme les pièces d'un puzzle auxquelles il manquerait le modèle original pour aider à les rassembler dans le bon ordre ? Juste des sentiments confus, des éclats de rire mêlés à des larmes, des bribes de phrases inachevées et complètement décousues pour moi qui ne connais presque rien de sa vie, excepté ce que j'ai pu lire dans la presse à scandale après son divorce.

Comment la sublime Jean Seberg qui a marqué toute une génération a-t-elle pu en arriver là ?

Je ne sais pas ce qui m'a pris mais c'est pendant qu'elle émerge de son dernier brouillard que je me décide à lui avouer que si un jour je me suis fait faire une coupe à la garçonne, une coiffure que j'ai ensuite adoptée durant de longues années, c'est parce que je l'avais vue dans *À bout de souffle*, le film de Godard devenu culte pour les cinéphiles.

Comment décrire la transformation du visage qui vient de s'illuminer à l'énoncé de ma petite anecdote. Un moment fulgurant et magique. Comme si je venais d'agiter la baguette invisible d'une fée.

Jean me regarde comme une petite fille à qui l'on vient de faire son plus beau cadeau de Noël. Elle bondit de son lit, m'embrasse sur le front et me lance avant de s'enfermer dans la salle de bains :

— Don't move dear Alice… je fais oune sourprise for you !

Non, non, pas de souci, je ne bouge pas chère Jean. Mais je suis un peu inquiète quand même. Tandis que j'entends déjà l'eau s'écouler de l'autre côté du mur, je regarde autour de moi.

Je suis dans la chambre de Jean Seberg, l'actrice américaine, celle qui a fait connaître Sagan outre-Atlantique en interprétant l'héroïne de *Bonjour tristesse* dans le film d'Otto

Preminger ; celle qui a débarqué dans la déferlante des sixties en France en même temps que deux « monstres » qui deviendront sacrés par la suite : Jean-Paul Belmondo et Jean-Luc Godard ; celle qui est tombée follement amoureuse de l'écrivain Romain Gary, qui va l'épouser et dont elle va divorcer aussi, sept ans plus tard…

Il est vrai qu'on ne la revoit plus guère sur nos écrans, mais vrai aussi qu'elle a apporté un grand vent de liberté et de fraîcheur au milieu des acteurs tourmentés de la Nouvelle Vague.

L'eau a cessé de couler du côté de la salle de bains, ce qui a pour effet immédiat de m'inquiéter.

— Tout va bien, Jean ?

La réponse enjouée me rassure.

— Yeah ! Don't worry, Alice ! Just one minute, I'm coming !

Lorsque la porte s'ouvre, c'est l'icône 1960 qui apparaît. Cheveux mouillés, impeccablement plaqués vers l'arrière, dont elle a savamment dissimulé les longueurs dans le col de sa chemise, laissant l'illusion de la fameuse coiffure à la garçonne qui avait marqué toute une époque. Celle de mon adolescence.

— Alors ? What do you think ? C'est cette femme-là qui te fait couper les chevaux ?

Trop submergée par l'émotion pour articuler un mot, j'hésite entre l'éclat de rire nerveux et les larmes. J'adore simplement cet accent, ce regard et cette voix qui n'ont jamais changé.

Sublime, magnifique et pathétique vision.

Je ne peux m'empêcher de me précipiter pour remercier en serrant tendrement dans mes bras cette « petite chose » fragile, tellement fissurée de toutes parts et que j'ai peur de casser encore.

Jean, apparemment plus que satisfaite par l'effet produit, s'est réinstallée en tailleur sur son lit au milieu de ses poèmes. Puis, comme si rien ne s'était passé, elle s'est replongée presque aussitôt dans son univers de silence, les yeux dans le vague, dépourvus de toute nouvelle lueur.

C'est sur cette image inoubliable qu'il est temps pour moi de prendre congé, pensant qu'il serait malvenu et indécent de prolonger ce tête-à-tête. Je ramasse mon sac, mon manteau, j'en oublie les trois textes qu'elle m'avait sélectionnés et appuie sur le bouton lumineux, près de la porte, comme convenu avec l'infirmière. Quand cette dernière réapparaît, Jean émerge à peine de son énième brouillard et me lance quelques mots :

— Je voudrais oune peignoir de star ! Romain m'a offert déjà oune avec my name écrit dessous… je crois que je l'ai perdou…

Pendant que je rejoins le parking, comme si j'avais vécu en apnée pendant plus d'une heure, je prends instinctivement une grande bouffée d'oxygène avant de m'installer au volant de ma voiture et de m'y effondrer en larmes.

Je ne sais plus combien de temps je suis restée ainsi prostrée, incapable de tourner la clé de contact. Faisait-il beau, pleuvait-il ? Je me rappelle seulement que ce jour-là j'ai pleuré. Beaucoup et longtemps.

Une seule question m'obsédait : pourquoi moi ? Pourquoi Jean Seberg sur ma route à moi ? Qui m'en apporterait la réponse ?

Une semaine plus tard, je décide de retourner la voir avec un gros bouquet de roses roses et un très joli peignoir de star en satin blanc sur le revers duquel j'ai fait broder en fils d'argent deux initiales en lettres italiques majuscules : J. S.

Ce jour-là, Jean semble avoir oublié qui je suis, mais me raconte néanmoins de lourds épisodes de sa vie. Cette fois je n'aurai pas droit à de nouvelles lectures et ses voyages dans le brouillard seront de plus en plus fréquents.

À mon retour des vacances d'été, le 8 septembre exactement, je suis revenue pour m'entendre dire au bureau d'accueil que « madame Seberg a souhaité rentrer chez elle ». Mais c'est où chez elle ? Jean le savait-elle seulement ?

Pas un mot pour moi. Pas même une adresse où la retrouver. Ce jour-là, il fait très beau. Le parc est embrasé de sa parure ambrée d'automne. J'ai décidé d'en faire le tour à pied, sachant très bien que je n'y reviendrai plus. C'est juste pour graver à jamais dans ma mémoire le souvenir de cette incroyable rencontre.

8 septembre 1979

Un an plus tard, jour pour jour, les journaux annoncent le décès de l'actrice Jean Seberg dont on a découvert le corps enveloppé d'une couverture dans le coffre de sa propre voiture.

Overdose de barbituriques, en a déduit une certaine presse.

Schizophrénie, ont diagnostiqué les médecins.

Suicide, a conclu la police.

Parenthèse 8

J'avoue que l'épisode Jean Seberg a remué des envies de rébellion que je pensais enfouies au plus profond de moi. Scandaleux ! Comment a-t-on pu laisser dériver ainsi une personne aussi adulée qu'elle et l'abandonner dans la solitude la plus totale ? Pourquoi n'y a-t-il pas eu quelqu'un sur son chemin qui l'ait suffisamment aimée pour tirer la sonnette d'alarme ?

Et moi, et moi ? Qui tirera la sonnette pour moi maintenant que me voilà isolée du reste du monde dans ma campagne ?

On devrait éviter de se poser ce genre de question car en général c'est là que les ennuis commencent.

Vrai que mon mari et moi sommes tombés dans le piège de ceux qui croient que l'éloignement géographique ne peut qu'être bénéfique à la vie de famille et que « le grand air y a rien d'mieux pour la santé ».

À part que les autres couples ne travaillent pas forcément ensemble, 24 heures sur 24, et rêvent parfois de se retrouver enfin en tête à tête. Eh bien, pas moi ! Ou alors y a longtemps… Ah ! Elle n'est pas gaie, la pagaille !

Je me prends parfois à rêver d'un compagnon pilote de ligne ou marin au long cours que je serais toujours aussi heureuse de retrouver après nos mutuelles absences pour parler ensemble musique, bien sûr, voyages, bien évidemment, mais de plein d'autres choses encore, tendrement lovés devant un bon feu de cheminée...

« Pourtant tu as tout ! » m'auraient dit mes parents si je leur avais confié mon désarroi du moment, mais chez ces gens-là, disait Brel... On ne parle pas.

Oui, je sais, j'ai tout. Un mari, deux enfants magnifiques, une belle maison, la vie dont je rêvais, la santé, un métier que j'adore, des amis exceptionnels...

Alors pourquoi penser résolument négatif quand tout semble aller pour le mieux dans le meilleur des mondes ? Ne serais-tu pas, ma chère Alice, en train de nous préparer une bonne déprime ?

Qui ? Moi ? Faire une déprime ? Ah non, vraiment, merci ! Laissez-moi juste deux minutes pour me ressaisir...

Un p'tit coup de mou, peut-être ? Alors pour ça, ma belle, un seul remède : le travail, le travail, le travail !

17

Gilbert Bécaud

Si en France tout finit par des chansons, dans la chanson tout commence par un coup de fil !

— Allô Alice ? C'est Sam Bernett. Serais-tu libre la semaine prochaine pour te joindre à nous dans le grand studio de RTL pour rendre hommage à Bécaud ? Il t'a choisie avec six autres artistes sur la liste d'une bonne trentaine que nous lui avons proposée. Il faut que tu interprètes une chanson de son répertoire. J'ai pensé que tu ferais ça très bien, juste en piano/voix, et nous en profiterons pour annoncer ton premier Olympia en vedette du 23 octobre prochain…

À partir du moment où Sam a prononcé le nom de Bécaud, où j'ai appris que ce dernier m'avait choisie, je n'ai plus rien entendu des autres explications qu'il croyait bon de me donner. Le ciel venait simplement de me tomber sur la tête.

J'allais chanter devant Gilbert Bécaud. Et surtout le rencontrer, peut-être même parler avec lui.

Pouvoir lui dire aussi que si je fais ce métier maintenant c'est parce qu'un jour je l'ai vu à la télé, encore en noir et blanc, chanter en s'accompagnant au piano *Le jour où la pluie-i-i-i viendra-a-a-a Nous ou-ou-ou serons on-on-on Toi a-a-a Et moi a-a-a* et que pour la petite apprentie pianiste que j'étais, cette vision a été déterminante. Ce jour-là j'ai dit à mon père du haut de mes 12 ans :

— C'est ça que je veux faire plus tard !

— Ah bon ? Tu veux faire Bécaud comme métier ? a-t-il rétorqué.

Eh oui, mon cher papa, c'est exactement ce que je ferai quand « j's'rai grande » !

Avec le temps, à ma manière, j'ai suivi le chemin tracé par mon maître ès musique et ce, sans jamais avoir eu l'opportunité de le rencontrer.

Jamais non plus je n'ai raté une seule de ses rentrées sur la scène de l'Olympia. Aux derniers rangs du balcon d'abord, en payant ma place avec les pourboires gagnés en servant l'essence le week-end au garage paternel, puis, les années passant et ma petite notoriété aidant, j'ai eu l'honneur et le privilège de faire ensuite partie des invités de l'Olympia les soirs de première. C'est alors du quatrième ou cinquième rang que j'avais la joie d'applaudir l'idole de mon adolescence.

Mais contrairement à mes confrères et consœurs artistes qui se précipitaient pour aller congratuler la vedette dans sa loge après le spectacle, je préférais rentrer à la maison, la tête encore pleine de ses chansons, ce qui ne manquait pas de déclencher aussitôt chez moi une folle envie de me mettre au piano et de composer encore et encore. Pour faire comme Bécaud !

De toute façon, je ne sais pas ce que j'aurais pu lui dire en face après la surenchère de compliments dont chacun ne manquerait pas de le gratifier : magnifique, merveilleux, émouvant, époustouflant, génial, inégalable, unique, quelle énergie... Non, très peu pour moi, vraiment !

Peut-être lui aurais-je susurré un timide « merci monsieur Bécaud », mais pas sûr qu'un son aurait pu sortir de ma bouche en de telles circonstances. Alors mieux valait opter pour la sagesse et s'abstenir.

À l'idée que moi aussi, j'allais me trouver bientôt sur la scène de cet Olympia cher à Bécaud, une chose, cependant, m'obsédait et m'inquiétait. Lorsque j'avais chanté là-haut, en première partie de quelques vedettes consacrées, assise comme lui derrière le clavier de mon propre piano, j'avais constaté à plusieurs reprises qu'une partie du public restait toujours cachée à ma vue, cette partie précisément placée là où moi, spectatrice, je voyais pourtant parfaitement le visage de Bécaud.

Était-ce la façon de placer son piano sur la scène ? Était-ce la position du chanteur derrière son instrument ? La hauteur du siège à régler d'une autre façon ? Peut-être l'opportunité que Sam Bernett m'offrait de participer à son émission hommage à Bécaud à RTL apporterait enfin des réponses à mes questions ?

En attendant, il me fallait trouver LA chanson qui... Et Dieu sait qu'il y avait l'embarras du choix. Ne pas tomber dans le piège des titres qui seraient systématiquement sélectionnés par les autres interprètes, à savoir *Et maintenant*, *L'Important c'est la rose*, *Quand il est mort le poète*, *Âge tendre et Têtes de bois*... et autres succès populaires de notre star.

En 1969, un album m'avait particulièrement impressionnée, parce que très novateur avec les arrangements de celui qui fut le pianiste de mes débuts, Jean-Claude Vannier. C'était « M. Winter », un 33 tours passé à côté du grand public mais que personnellement j'avais adoré et écouté en boucle. Une chanson de Pierre Delanoë avait notamment retenu toute mon attention, et mon émotion : *Il s'en va mon garçon*. Elle racontait les confidences d'un père dont le fils va quitter la maison pour vivre sa vie d'adulte. Un thème que je trouvais intéressant d'interpréter seule au piano, imaginant que mon propre fils, Emmanuel, alors âgé de 8 ans, s'en irait lui aussi un jour de la maison.

Oui, j'étais assez sûre de mon choix, ce dont j'ai fait part immédiatement à Sam Bernett qui a décidé de me faire confiance, surpris par le choix de cette chanson dont il n'avait pas le souvenir.

Octobre 1979 à RTL

Sam Bernett et Gilbert Bécaud sont installés dans deux grands fauteuils sur la scène du grand studio et plusieurs artistes ont déjà rendu hommage à celui qu'on a jadis surnommé à juste titre « Monsieur 100 000 volts ».

Je suis la prochaine sur la liste et depuis quelques minutes mon cœur bat à tout rompre. Dans dix jours je serai sur la scène de l'Olympia et je n'ai toujours pas résolu mon problème de piano…

— … Et voici notre nouvelle invitée… Alice Dona !

Allez hop ! Quand faut y aller… Dès mon entrée dans le studio, je sens l'enthousiasme du public, ce qui me réconforte d'emblée pour mon futur Olympia. Sam a prévu que j'aille m'installer directement derrière le clavier du grand piano noir et que l'interview avec Bécaud se déroulera après que j'aurai chanté sa chanson.

> *Il s'en va mon garçon… il va quitter la maison… à son tour de se battre… d'entrer dans le grand théâtre… il n'a plus besoin de moi… et il s'en va…*

Bécaud est assis juste en face et je sens très bien son regard braqué sur moi tandis que je m'accompagne en m'adressant au public. On entendrait une mouche voler.

Puis, avant même que j'aie entamé le deuxième couplet, je devine que Bécaud s'est levé et je sens qu'il se dirige maintenant vers moi. J'essaie de rester concentrée sur mon texte et d'ignorer ce qui se passe ailleurs. Mais ce qui arrive est incroyable : pendant que je continuais de jouer, mon Bécaud m'a invitée d'un léger coup de hanche à lui faire une petite place sur la banquette du piano, avant de s'installer tout près de moi et c'est dans un quatre mains surréaliste que va se terminer mon hommage.

Un triomphe ! Normal, me dis-je dans un grand élan de modestie, on était deux ! C'est manifestement très ému que Gilbert m'a prise dans ses bras pour me remercier d'avoir choisi cette chanson qu'il a écrite pour son fils Gaya, en précisant qu'il ne la chante jamais sur scène et qu'il vient de la redécouvrir grâce à moi.

— Merci consœur ! a-t-il ponctué en hurlant dans le micro après avoir discrètement essuyé une petite larme.

Je crois que l'espace de quelques secondes, j'ai pris ce jour-là ce qu'on appelle la grosse tête ! Imaginez... Des millions d'auditeurs viennent d'être témoins que mon mentor m'a appelée sa « consœur » !

Puis tout va aller très vite, interview par Sam, annonce promo pour l'Olympia et hop... au suivant. C'est juste au moment où j'esquisse un mouvement de sortie que Gilbert me fait signe de l'attendre dans ce qu'on appelle en jargon de radio « le bocal », en l'occurrence la cabine de son des techniciens de l'émission.

Mais bien sûr que je vais attendre !

Je ne vois et n'entends plus rien de ce qui se passe ensuite sur la scène du grand studio, et c'est sur un nuage que je reçois les félicitations des techniciens en arrivant dans la régie son ; Monique Lemarcis, directrice de la programmation, est enthousiasmée par ce qu'elle qualifie de « grand moment de radio » ; l'éditeur de Bécaud, encore tout ému, et d'autres personnes que je ne connais pas, semblent avoir été sensibles de la même façon à ma prestation.

Fin de l'émission. Tout le monde se rue sur la star dès son retour dans le bocal pendant que j'essaie de me faire toute petite dans un coin. Mille pensées se bousculent dans ma tête. Peut-être ai-je mal interprété le signe qu'il m'a fait de l'attendre ? Vais-je pouvoir lui parler de mon problème de piano pour l'Olympia ? Dois-je l'appeler Monsieur ou par son prénom ?

— Elle est où ma consœur ?

Ciel, mon Bécaud ! Je crois qu'il s'agit de moi !

En moins de temps qu'il ne faut pour le dire, Gilbert m'a prise par la main et entraînée sur la scène du grand studio, vidé de son public, le seul endroit où l'on peut converser au calme après une émission. Et revoilà « les confrères » installés sur leur banquette au piano.

— Je voulais vraiment te remercier... Tu ne peux pas savoir à quel point tu m'as touché en faisant le choix de cette chanson. En t'écoutant on aurait dit qu'elle était faite pour toi. Je l'ai redécouverte. Je pense que je vais la remettre dans mon tour. Le texte de Delanoë est tellement beau... Alors vas-y raconte... Parle-moi de toi... J'ai entendu que tu vas faire l'Olympia bientôt ?

Euh... oui oui... Zut il me tutoie ! Et moi je fais quoi ? Je dis vous ? Oh et puis non, tiens. J'ai l'impression de le connaître depuis si longtemps. En plus, il m'a appelée consœur, alors en tant que consœur je vais le tutoyer et on verra bien...

Et me voilà partie à lui raconter la télé en noir et blanc lorsqu'il chantait *Le Jour où la pluie viendra* ; quand j'avais 12 ans, que l'envie de composer et de chanter en m'accompagnant parfois au piano, c'est grâce à lui ; que je n'ai raté aucun de ses spectacles, que je connais presque tout son répertoire par cœur ; que j'adore l'album de « Monsieur Winter », d'où le choix de la chanson aujourd'hui...

Puis je décide enfin de me lancer, avec une seule idée en tête : mon Olympia !

— Mais je ne comprends pas comment vous faites... pardon... comment tu fais pour qu'on te voie bien de partout quand tu es assis au piano, parce que moi derrière le mien, je ne vois pas tout le monde !

Voilà, c'est dit !

Gilbert a souri et entreprend de m'expliquer qu'il a rencontré longtemps ce genre de problème. Jusqu'au jour où il s'est rendu compte qu'une large partie du bois qui entoure le cadre en fonte d'un piano à queue ne servait pas à grand-chose à partir du moment où le piano était sonorisé.

Ah bon ? Et mon Bécaud, souriant et sympa, poursuit.

— Alors un soir, après le spectacle, j'étais tellement énervé de ne pas avoir vu une partie du public, j'ai proposé à Bruno (Coquatrix) de lui racheter le piano de l'Olympia. On a pas mal discuté sur le prix mais on a fini par tomber d'accord. Dans la foulée j'ai demandé au régisseur qu'il m'apporte une scie et je lui ai fait faire une marque sur le bois là, tu vois...

Et mon Gilbert de joindre le geste à la parole. Il s'est levé et m'indique la partie en question sur le piano du studio, juste à la hauteur du renfoncement, là ou le bois dépasse sur toute la longueur d'une dizaine de centimètres, avant de poursuivre :

— ... et je lui ai demandé de me scier toute cette partie-là, juste au ras du cadre en fonte, ce qu'il a accepté de réaliser, et quelques jours plus tard, je voyais enfin tous les spectateurs !

Bah oui... évidemment, il fallait y penser ! Je n'ai donc qu'à faire la même chose avec mon piano blanc. À part que ledit piano est en tournée avec moi avant l'Olympia et que nous ne serons rentrés sur Paris que la veille. Alors je fais comment ?

Comme s'il avait deviné mes pensées, Gilbert enchaîne.

— C'est quand, déjà, ton Olympia ?

Le 23 octobre, mon cher Gilbert.

— Génial ! À cette date-là, c'est moi en général qui suis à l'Olympia, toujours pour la période de mon anniversaire qui tombe le 24 octobre, mais exceptionnellement, je n'y serai pas cette année... alors si tu veux, je te prête mon piano, ça te va ?

Oh que oui, ça va très bien à la petite Alice qui vient de retrouver ses 12 ans ! Chanter et jouer sur le piano de Bécaud pour son premier Olympia en vedette... Je n'y crois pas !

— Bon... écoute, on va faire comme ça ! Je te fais livrer mon piano là-bas le 23 au matin. Tu réfléchis, tu vois, tu pèses le pour et le contre, tu as toujours le tien quoi qu'il arrive, mais sache que le mien sera à ta disposition ce jour-là. De toute façon, il a l'habitude d'être sur scène pour mon anniversaire et comme ce n'était pas prévu il sera très content ! Allez, ne te prends pas la tête avec ça et concentre-toi sur ton tour de chant. Maintenant il faut que je te laisse. Je te dis un gros « m... », ma douce et chère consœur. À bientôt sûrement et encore merci pour ma chanson !

À l'Olympia – 23 octobre 1979

10 heures du mat', j'ai des frissons en pénétrant au 10 rue Caumartin, dans la petite cour de l'entrée des artistes.

Depuis ma rencontre avec Bécaud, je ne tiens plus en place mais je reste lucide, comme toujours. Je ne crois pas trop aux promesses de stars et je suis convaincue que l'artiste aura certainement oublié celle qu'il m'a faite il y a dix jours à RTL.

C'est en constatant l'agitation qui règne à l'intérieur que je me dis qu'il se passe quelque chose d'inhabituel. Les régisseurs, Doudou et Dédé, dit « Matrouchni », courent et s'invectivent de toutes parts et le grand Marcel a à peine pris le temps de m'embrasser qu'il m'attrape par la main pour m'entraîner illico sur le plateau.

— Viens voir la belle surprise, ma p'tite Alice… Alors, c'est pas beau, ça ?

Ça, c'est un piano à queue qui trône au beau milieu de la scène. Un piano tout bleu ! Mais d'un bleu électrique comme je n'en avais encore jamais vu.

Doudou, qui s'occupe des éclairages, s'approche de moi, l'air affolé, et manifestement très contrarié.

— Tu aurais pu nous prévenir, quand même ! Moi, j'ai préréglé tous les éclairages en fonction de ton piano blanc, et là, il faut tout changer, c'est le bordel !

Eh bien, veux-tu que je te dise, mon cher Doudou ? Je m'en soucie comme de ma première chaussette ! Parce que aujourd'hui c'est mon premier Olympia en vedette, que je vais jouer sur le piano bleu de Bécaud, parce que Bécaud est celui qui m'a donné l'envie de chanter. Et toc !

Alors oui, vraiment, tes problèmes d'éclairages, aujourd'hui je m'en contrefous ! Tu n'as qu'à faire comme pour Bécaud quand il fait l'Olympia, et moi je me débrouille !

En m'asseyant devant le clavier, je ne peux m'empêcher de regarder là où d'habitude il manque des fauteuils dans ma ligne de mire, et je constate que Gilbert a eu raison de faire scier son piano, même s'il est bleu. Je me dis que ça fera très patriote avec ma robe blanche et le rideau rouge et que ce soir risque d'être le plus beau de ma vie de chanteuse.

C'est Lama qui va en faire une tête, quand le rideau va s'ouvrir, car Serge est comme moi un fan de la première heure de « Monsieur 100 000 volts ». Sûr qu'il va reconnaître le célèbre clavier !

Je dois préciser que lui aussi, de son côté, a fait aussi très fort pour ce premier Olympia en vedette. Huit jours auparavant, il m'a fait livrer un énorme bouquet de roses rouges, avec au centre sept roses blanches, et une carte portant le texte suivant : « T… moins sept. Signé Lama. » Bizarre.

Le lendemain et les jours suivants, le cérémonial s'est répété : même bouquet de roses rouges, orné en son centre de six roses blanches, puis cinq, puis quatre, toujours accompagné de la petite carte : « TR… moins six. Lama », puis « TRI… moins cinq. Lama. » Au bout de quatre j'ai commencé à résoudre l'énigme. Le 23 octobre, après quatre nouveaux envois, j'ai été définitivement fixée en recevant un dernier bouquet de cent roses rouges et une dernière petite carte : « TRIOMPHE ce soir ! Lama. » Ça, c'est tout Serge.

*

Le spectacle, déjà longuement rodé en tournée, s'est magnifiquement bien déroulé et le public était déchaîné lorsque j'ai remercié le monsieur qui m'a prêté son piano bleu.

Mais tout passe toujours trop vite. J'ai un gros pincement au cœur quand le rideau rouge se referme sur moi, me laissant la sensation étrange d'avoir rêvé cette soirée, mais le piano est là pour me rappeler que tout ça est bien réel. Allez, Dona, il faut retourner saluer devant le rideau.

C'est à cet instant précis qu'une main me prend par la taille et qu'une autre me tend une belle rose blanche. Gilbert est là, dans l'ombre, trépignant et pétillant d'enthousiasme, et m'embrasse à m'étouffer.

— Bravo consœur, je suis très fier de toi ! Écoute… C'est bon hein ?

De l'autre côté du rideau, le public scande « Une autre ! Une autre ! », me rappelant à mon devoir d'artiste. Il faut absolument que je retourne saluer mais Gilbert me retient fermement par la main. J'essaie de me dérober mais rien n'y fait. Tandis que je m'énerve, il jubile :

— Mais attends, bon sang !... Écoute-les... attends... n'y va pas tout de suite... écoute-les bien... attends...

Puis il me lâche et me pousse par les deux épaules jusque sur le devant de la scène.

C'est là que moi seule je peux entendre Bécaud dans mon dos, collé derrière le rideau rouge, hurlant ces mots que je n'oublierai jamais :

— Allez... Vas y... Prends-en !... Prends-en !

Alors j'en ai pris de toutes parts. Des bravos, des regards émus, de larges sourires, avec plein d'amour dedans.

Comme si ces applaudissements que je recevais étaient les siens. Et c'est à trois reprises que nous sommes allés reprendre des bravos... Mes bravos. Lui derrière, et moi devant. Un moment unique, magique, indélébile.

Après le dernier salut, j'aperçois alors Bruno Coquatrix dans l'ombre qui s'agite, un stylo à la main, pour que je lui signe les papiers qu'il vient de poser sur le piano bleu. Je trouve le moment un peu incongru pour faire une dédicace, mais je m'exécute sans même lire ce qui est écrit au-dessus. J'ai confiance. Voilà, mon cher Bruno, c'est fait, j'ai signé.

Ce n'est qu'en retournant vers ma loge, ma rose blanche à la main et toujours accrochée au bras de Bécaud, que nous lisons ensemble ce qui est écrit sur le papier en question : « Dona-Coquatrix-Olympia-Durée : 3 semaines. Vedette du programme. Date à prendre d'un commun accord. Exclusivité à Paris avant son passage. Signé : Bruno Coquatrix/ Alice Dona ».

Gilbert trépigne de joie et me claque encore une bise, puis c'est à mon tour d'embrasser tous ceux qui se trouvent sur le trajet menant à la loge : Lama qui rayonne pour moi, Patrick Sébastien qui a assuré brillamment la première partie du spectacle, Paulette Coquatrix et Jean-Michel Boris tout sourires, Bernard, enfin fier de son épouse, Pégoune, mon assistante et amie, larme à l'œil comme d'habitude, mes chers enfants, qui écarquillent les yeux au passage, puis Doudou, Dédé et Marcel qui ont fait des prouesses à la technique.

À peine un an plus tard, comme vous le savez, c'est Georges Brassens qui me fera l'honneur d'être au premier rang pour m'applaudir dans mon prochain spectacle. Celui dont je viens de signer l'engagement sur le piano bleu porte-bonheur de Bécaud.

*

Le 18 décembre 2001. Le téléphone sonne : Claude Lemesle, mon auteur, complice et ami, m'apprend le décès de Gilbert, avec lequel il venait d'écrire quelques nouvelles chansons.

Je savais mon confrère très malade, mais beaucoup de gens l'ignoraient parce qu'il avait souhaité qu'il en soit ainsi. Pour que son public ne le sente pas affaibli.

Et même malade, il aura chanté jusqu'au bout. Une disparition si peu relayée par les médias qu'elle m'amènera à rendre personnellement hommage, un an plus tard, à mon maître chanteur, à ma manière, avec un spectacle et un CD entièrement dédiés à Gilbert qui porteront le même titre : « Merci, monsieur Bécaud ».

18
Romy Schneider

— Allô M'Alice ? C'est N'Annie. Qu'est-ce que tu fais ce soir ?... Rien ?... Bah tant mieux, alors tu viens dîner à la maison. J'ai une copine qui sera là. Je crois que ça lui fera plaisir de te rencontrer. 20 h 30, ça te va ? Je vais demander au père Lama s'il est libre aussi... À ce soir, M'Alice. Je t'aime. Bisous-bisous.

Avec Annie Girardot, rien n'est prévisible. C'est toujours un rendez-vous au pied levé, un coup de fil rapide, clair, net, c'est oui ou non direct, c'est tant mieux ou tant pis, surtout ne pas perdre de temps à discuter au téléphone ; mais elle n'omettra jamais de finir sa phrase par un « je t'aime ». Tout ce qu'on a à se dire d'autre se fera en *live* quand on se verra.

Donc pas la peine de prendre le temps de demander d'où sort la copine en question, mais juste de lui glisser un OK de principe. Je lui fais confiance au niveau des amis qu'elle reçoit à la maison, toujours triés sur le volet, toujours des « gens bien ».

Et puis je sais que cette soirée me sera bénéfique car je ne suis pas vraiment au top en ce moment, avec mon couple au bord du divorce. Je passe mon temps entre ma campagne, où je retourne les week-ends pour faire semblant que tout va bien devant les enfants qui rentrent de pension, et, le reste de la semaine, dans le studio que je viens de louer dans le Marais, à quelques rues de chez mon N'Annie.

Pour des raisons financières, celle-ci a dû se séparer du grand appartement de la place des Vosges et intégrer celui qu'elle avait mis en location, dans l'immeuble qu'elle possède à deux pas, rue du Foin. Ce dernier est devenu une résidence quasi familiale où viennent parfois squatter son frère ou sa fille Julia, où sa maman réside, tout comme l'ex-femme du dernier compagnon d'Annie avec laquelle celle-ci est restée en bons termes. N'oublions pas les copains qui déboulent parfois sans prévenir avec leurs états d'âme et pour lesquels Annie dépense sans compter – de son temps, de son énergie et de son argent. Pour eux il y a toujours une petite place, dans sa maison ou dans son cœur. Malgré l'aspect arche de Noé de l'endroit, Annie la généreuse a su se ménager son petit havre de paix au dernier étage, sous les toits.

C'est là que je pointe mon nez à 20 h 30 pétantes. En sortant de l'ascenseur au dernier étage, la porte à gauche est entrouverte et une musique de fond m'invite à entrer sans frapper.

En pénétrant dans le couloir, j'entends Annie qui sifflote, affairée à ses fourneaux, dans sa cuisine, située tout de suite à droite en entrant.

En face, devant le mur du fond, près de la table ronde où quatre couverts ont été disposés, une femme est assise en tailleur à même le sol, la tête plongée dans un hebdomadaire qu'elle feuillette.

Je n'aperçois d'elle que ses cheveux châtain clair, mi-longs, légèrement frisottés et humides comme s'ils avaient pris la pluie. Manifestement, elle ne m'a pas entendue arriver et, ne la connaissant pas, je choisis de me diriger discrètement vers la cuisine pour signaler d'abord ma présence à Annie.

— Coucou mon N'Annie !

Annie a posé sa cuillère en bois et son torchon pour venir m'embrasser chaleureusement.

— Ah M'Alice, je suis tellement contente que tu aies pu venir. Tu vas bien ? Tes problèmes, ça s'arrange ?... Pose ton bazar et viens que je te présente.

J'ai donc jeté mon manteau et mon sac au passage sur le petit canapé tandis qu'Annie m'entraîne par la main à l'autre bout du salon.

— Alice... Romy... Romy, je te présente Alice !

Lorsque la femme lève les yeux sur moi, je n'ai que deux mots en tête : « Merde ! Sissi ! » Mais fort heureusement ils ne sortent pas de ma bouche.

La surprise est si grande pour moi que je me trouve dans l'incapacité de prononcer la moindre parole, et à en croire l'expression que je lis dans le regard de l'invitée, il en est de même en face de moi, ce qui m'étonne au plus haut point.

Romy Schneider ! Je n'en crois pas mes yeux ! Annie semble enchantée de l'effet produit.

— Allez... on va boire un coup pour fêter ça pendant qu'on est tranquille entre filles !

Romy s'est levée et bien qu'elle soit maintenant debout, je découvre un « petit bout de femme » tout fragile qui m'arrive au menton, ce qui m'oblige à me pencher pour embrasser la joue tendue.

Telle la midinette moyenne, je me dis que bien que j'aie gardé mes hauts talons et qu'elle ait abandonné les siens sur le tapis, elle est quand même bien plus « petite en vrai » que je ne l'aurais pensé ! Mais ce sourire, beau et triste à la fois, c'est bien le même qu'au cinéma ! Et cette voix quand elle s'adresse à moi, feutrée, profonde, reconnaissable entre toutes ; cet accent aussi qui se voudrait guttural mais qui, dans sa bouche, dégage une douce musique.

Et voilà ! Je suis sous le charme, béate, idiote, incapable d'articuler le moindre mot.

— Chère Alice, vous ne pouvez imaginer le bonheur que c'est pour moi de vous rencontrer, je ne savais pas que c'était vous la surprise !

Eh bien non, madame ! Je n'imagine rien du tout vu qu'à cet instant précis c'est moi qui suis surprise, voire sidérée de vous trouver ici.

Décidément, Annie a bien réussi son coup car tout cela dépasse l'entendement. Pourquoi la sublime Romy Schneider éprouverait-elle le moindre bonheur à rencontrer Alice Dona, fort sympathique au demeurant, mais bon… Je suis qui, moi ? Alice Donadel, l'admiratrice lambda, la groupie depuis les années soixante, la midinette de base, comme tant d'autres. Mon Dieu ! Dire qu'il n'y a pas si longtemps, je découpais encore certaines de ses photos dans des magazines parce que je la trouvais magnifique.

Dona ! Respire un bon coup et reprends-toi s'il te plaît ! Dis-toi juste que Romy Schneider est une femme comme les autres. Oui, c'est ça, essayons…

Puis je me demande si, après tout, les grands acteurs n'auraient pas la fâcheuse habitude de formuler les compliments avec une certaine exagération. Ou seraient-ce les aléas de notre langue qui feraient employer à la star des mots qui dépasseraient sa pensée ?

Je ne me souviens même plus de ce que j'ai pu bredouiller en retour. Certainement un « enchantée ». Ou pire, un « moi de même ».

Affligeant de banalité ! Mais mettez-vous à ma place, mesdames et messieurs !

Depuis mon adolescence et la célèbre trilogie des *Sissi* (que j'ai dû voir plus de vingt fois avant de contaminer ma fille Raphaëlle quand elle avait 12 ou 13 ans) – sans oublier les autres films tels que *Christine* avec le bel Alain Delon, *Kitty*, et autres *Katia* avec Curd Jurgens, toujours en robe de princesse, sans oublier non plus *La Piscine* où plus belle qu'elle tu meurs ! –, j'ai suivi pas à pas, tant au cinéma que dans la presse, la carrière de l'actrice que j'admire le plus au monde avec Annie Girardot, et ce, jusqu'à *La Banquière*, son dernier film en date. Le summum du talent et de l'émotion ayant été atteint dans le rôle magnifique qu'elle a interprété dans *Le Vieux Fusil*.

Or, ce soir, on me sert toutes ces femmes sur un seul plateau ! Et c'est moi sa surprise ! J'ai du mal à réaliser ce qu'il m'arrive. Si je m'écoutais, je dévalerais immédiatement quatre à quatre les étages pour aller pousser un énorme hurlement de joie, à la façon du loup de Tex Avery, en pleine rue du Foin, pour que Paris soit informé du grand bonheur qui m'est offert.

— Bonsoir, mesdames !

Serge vient de faire une arrivée sonore « à la Lama », planté bien droit dans le couloir, manifestement informé au préalable par Annie de la présence de Romy, si j'en juge son entrée en scène, faussement à l'aise, mais efficace. À l'approche de ce dernier, Romy ressemble à une petite fille timide. Ses beaux yeux bleus se sont écarquillés et l'absence totale de maquillage vient de laisser paraître le rose qui lui est monté aux joues.

— Bon ! Bah on est au complet maintenant, on va pouvoir bouffer ! Allez ! À table, les gars, on discutera après ! Serge, un petit coup de rouge ?

J'adore Annie et cette faculté qu'elle a de mettre tout le monde à niveau en allant toujours à l'essentiel avec une simplicité et un naturel déconcertants.

Au fil du repas, après que le tutoiement se soit naturellement installé de part et d'autre, je commence à comprendre la première réaction de Romy. Non seulement Annie lui avait réservé la surprise de notre présence, mais nous découvrons de concert que Romy est une inconditionnelle de nos chansons. Elle connaît tout de Serge, ce qui me paraît déjà incroyable, mais au fil de la conversation elle évoque également mes propres albums, beaucoup moins répandus alors que ceux de Lama. Je suis hallucinée !

Quand je fais référence à l'un ou l'autre de ses films, j'ai droit en retour à des citations précises de tel ou tel titre que j'ai enregistré, numéro tant de la face B de tel ou tel album et dont moi-même je me souviens à peine.

Ces échanges me font prendre conscience, une nouvelle fois, du pouvoir des chansons sur les êtres, quels qu'ils soient. D'entendre la grande Romy Schneider m'avouer qu'elle a pleuré en écoutant *De la tendresse*, tout comme le même refrain avait auparavant ému Georges Brassens ou la boulangère de mon quartier, me sidérera toujours. La chanson dite populaire ou de variétés ne serait donc pas destinée uniquement à cette catégorie d'auditeurs que l'on qualifie, parfois avec mépris, de « France profonde » ! Voilà qui est plutôt rassurant.

Important surtout de constater que celle qu'on appelle aussi bêtement la « France d'en haut » peut être sensible de la même façon à mes élans musicaux. Une jolie façon de reprendre confiance en soi, une confiance qui a tendance à m'abandonner lorsque mon producteur de mari, plutôt que de me gratifier du petit compliment qui ne mange pas de pain, semble prendre un malin plaisir à me faire perdre pied en s'attardant plus particulièrement sur mes lacunes ou mes défauts artistiques, et de préférence aux moments les moins appropriés, à savoir en sortant de scène ou le soir sur l'oreiller, juste avant de s'endormir.

Pendant que chacun y va de son sentiment, de son compliment, de ses critiques, de ses boutades, de ses commentaires sur l'actualité, des petites histoires de sa vie, de ses états d'âme du moment aussi, je ne peux détacher mon regard de Romy, aussi excessive dans sa gaîté que dans sa tristesse.

Une tristesse largement justifiée par toutes les épreuves qu'elle a récemment traversées. Que ce soit son divorce d'avec Harry Meyen – son premier mari, qui s'est suicidé quelques années plus tard, ce qui l'a profondément affectée –, ou son remariage pas forcément bien vécu avec Daniel Biasini pendant lequel elle a subi la perte d'un bébé avant sa naissance.

D'après ce que nous ressentons quand elle en parle, le couple semble aujourd'hui battre de l'aile, une situation que nous avons en commun, elle et moi. Heureusement, elle a deux enfants, David et Sarah, les deux amours de sa vie ; tout comme moi j'ai les miens, Raphaëlle et Emmanuel.

Au cours de notre conversation à bâtons rompus, Annie n'est pas en reste concernant ses déboires amoureux et, bien que les dialogues s'orientent maintenant sur des sujets essentiellement féminins, Serge, relégué au rôle d'observateur, se régale de nos bavardages, ravi de jouer le rôle de confident de ces dames.

Mais Romy m'apparaît comme quelqu'un de fatigué, d'épuisé, et parfois à la limite du désespoir aussi. Excepté lorsqu'elle éclate de rire. À ce moment-là seulement, on retrouve Romy la magnifique, au regard sensuel, séduisant et malicieux, comme celui que Clara arborait en soulevant sa voilette pour tremper ses lèvres dans une coupe de champagne face à l'extraordinaire Philippe Noiret dans *Le Vieux Fusil*. Mais dès que son sourire disparaît, c'est comme si toutes les lumières s'éteignaient autour de nous.

C'est Annie, avec son sixième sens, qui lance joyeusement le signal du départ dès le dessert terminé.

— Bon ! Et si on allait danser ?

À en juger l'expression figée sur le visage de Serge, et connaissant son peu de goût pour les sorties en boîte, je suppose qu'il n'adhère pas forcément, mais Romy a montré un tel enthousiasme qu'il finit par se laisser convaincre.

Annie croit bon d'enfoncer le clou :

— On va juste boire un pot à L'Helzappopin, en plus c'est une boîte de filles. On nous fichera une paix royale, je connais bien la patronne ! Et puis c'est à côté, on peut presque y aller à pied.

Vu la réaction de Lama, je sens qu'on va quand même prendre ma voiture.

Je n'ai pas d'attirance particulière pour les fins de nuits en discothèque, mais l'envie que cette soirée-là ne s'arrête jamais est plus forte que tout. Alors d'accord pour aller au bout de cette exceptionnelle nuit et boire le vin jusqu'à la lie !

J'ai adoré la tête de la patronne de la boîte quand elle a vu débarquer Annie, puis qu'elle a découvert ma présence en même temps que je la reconnaissais puisque Danièle – c'est son prénom –, est inscrite au même cours de karaté que mon futur ex-mari. Une coïncidence qui nous a beaucoup amusées, elle et moi.

Sachant qu'elle n'est pas au bout de ses surprises, je pense utile de lui préciser malicieusement :

— Attends… ce n'est pas tout… il y a encore du monde derrière !

Et Lama de faire son entrée, suivi de près par Romy.

On a tous cru que notre Danièle allait s'évanouir quand elle a découvert les deux autres membres du quatuor d'enfer. Mais au lieu de ça, elle a préféré nous abandonner lâchement pour ne réapparaître que dix minutes plus tard, plus sereine et plus zen, après avoir confié le soin à une hôtesse de nous installer tous les quatre confortablement dans un coin tranquille de la boîte. Dès son retour, elle nous a fait jurer de ne plus jamais lui refaire ce coup-là mais de la prévenir, la prochaine fois, pour lui éviter l'infarctus.

Lama, conscient d'être le seul homme de la boîte, s'est délecté à la simple vision de toutes ces femmes qui buvaient, dansaient, ou flirtaient ensemble.

Au bout d'une heure, de quelques verres et de discussions noyées dans le bruit et la fumée, il a quand même jugé opportun de prendre congé et demandé qu'on lui appelle un taxi.

C'est comme si Serge nous avait donné le feu vert car dès qu'il a eu le dos tourné nous nous sommes précipitées sur la piste, Annie, Romy et moi, pour nous étourdir en dansant jusqu'à plus d'heure, telles trois vieilles ados attardées qui viennent de retrouver une seconde jeunesse.

C'est au petit jour naissant que nous remontons dans ma voiture et déposons Annie rue du Foin. Je crois bon alors de proposer à Romy de la déposer chez elle, dans le XVIe, vu que c'est sur le chemin de ma campagne, où je vais rejoindre mes enfants pour le week-end. Ce à quoi elle adhère avec enthousiasme.

Je ne sais plus combien de temps nous sommes restées dans la voiture à discuter, Romy et moi, devant la jolie maison en meulière de l'impasse des Belles-Feuilles, comme si nous nous connaissions depuis toujours.

Je me souviens seulement qu'il faisait grand jour quand nous nous sommes quittées. La fatigue aidant et les problèmes de couple que nous traversions alors, l'une et l'autre, nous ont fait passer souvent du rire aux larmes et c'est plus d'une fois que j'ai dû l'accueillir sur mon épaule pour tenter de l'apaiser.

Des instants privilégiés, gravés à jamais dans ma mémoire. Comme si elle pressentait que la suite de sa vie serait jalonnée d'épreuves et de drames trop lourds pour ses frêles épaules, à elle.

Mais pour l'heure, le seul gros souci de Romy n'est que de se procurer mon album « De la tendresse », car le sien est tout rayé, m'avoue-t-elle en éclatant de rire, pour l'avoir trop écouté. Et c'est le seul qui manque à sa collection Dona. Je promets donc de le lui faire parvenir dès demain.

Chose promise, chose due, douce Romy.

*

Une semaine plus tard, un coup de fil vient interrompre mes pianotages du week-end dans le petit bureau de ma maison des Yvelines.

— Allô Alice, c'est Romy. Je voulais juste te redire combien je suis heureuse de t'avoir rencontrée. Tu me manques depuis cette soirée inoubliable que nous avons passée ensemble, j'ai eu l'impression de retrouver quelqu'un que je connaissais déjà depuis longtemps. Grâce à tes chansons, sûrement. Et je tenais à te remercier aussi d'avoir pensé au disque…

De rien, Romy, vraiment ! Je suis heureuse qu'elle aussi ait ressenti la même chose que moi.

— … Je voudrais te demander quelque chose… Je suis seule actuellement en thalasso à Quiberon. Il fait très beau et je trouve dommage de ne pas partager ça avec mes amies. Alors je te propose de me rejoindre pour quelques jours, jusqu'à dimanche prochain, comme ça on rentre ensemble. Tu es mon invitée, naturellement !… J'en ai parlé à Annie, mais elle est déjà repartie en tournage. On se serait bien amusées, toutes les trois, mais je suis sûre que nous prendrions beaucoup de plaisir aussi à faire mieux connaissance, toutes les deux. Qu'en penses-tu ? Enfin tu réfléchis, et tu me rappelles vite… je t'embrasse très fort.

Le ciel, parfois, peut vous tomber sur la tête à plusieurs reprises.

L'immense, l'unique, l'incomparable Romy Schneider me propose à moi, la petite chanteuse de variétés, la rencontre d'un soir, de venir faire une thalasso avec elle !

Mais je dois déchanter très vite car cela inclut, en admettant que la chose soit possible, et au vu des nombreux rendez-vous inscrits dans mon agenda, que je ne pourrai pas la rejoindre avant jeudi soir. Et aussi de sacrifier un week-end avec mes enfants.

Connaissant parfaitement le caractère bien trempé de celui qui est encore mon mari, je sais que je m'expose d'avance à des reproches, en l'occurrence d'avoir manqué avec trop de légèreté à mon devoir de mère, ce dont je me passerais volontiers à l'aube d'une séparation qui s'annonce déjà bien assez chaotique pour ne pas ajouter de l'eau à son moulin.

J'ai beau tourner et retourner dans tous les sens les données de la situation, aucune solution ne m'apparaît comme étant raisonnable. Excepté celle du refus pur et simple.

C'est donc à contrecœur que je rappelle Romy à son hôtel quelques heures plus tard pour lui faire part à regret de ma décision, mais « madame Schneider est en soins » me répond-on en m'invitant aimablement à laisser un message – ce à quoi je consens, bien que j'aurais préféré lui donner directement et en détail les raisons qui m'amènent à décliner son offre. Mais je me dis que mieux vaut ne pas trop la faire languir pour qu'elle prenne connaissance au plus tôt de ma réponse.

J'invoque brièvement à mon interlocutrice une semaine compliquée et un emploi du temps très chargé. Pas très envie de raconter ma vie à une inconnue. Je lui demande juste de transmettre mon message au plus tôt à l'intéressée.

C'est seulement le lendemain que Romy rappelle chez moi, alors que j'ai déjà regagné mon studio parisien. Le répondeur de la campagne me transmet à distance le message qu'elle y a laissé. Je crois qu'elle a parfaitement saisi le pourquoi de mon désistement.

— Alice, c'est Romy. Je comprends très bien... je sais que tu traverses aussi des moments difficiles. Ne t'inquiète pas pour moi surtout, et prends bien soin de toi et de tes enfants... j'espère seulement qu'on va se revoir très vite. Je t'embrasse tendrement. »

C'est le dernier souvenir que j'ai gardé de la voix de Romy. Excepté lorsque je suis allée la voir sur grand écran deux ans plus tard dans *La Passante du sans-souci* où elle apparaissait, magnifique actrice comme à son habitude, mais semblant à bout de forces, après une ablation du rein.

Entre autres...

*

Entre-temps le destin a fait son œuvre, en nous rappelant parfois la dure réalité de la vie. Séparation pour moi, suivie d'un divorce houleux et compliqué. Je lis dans la presse qu'il en est de même pour Romy.

Pendant que mon mari me prive de voir mon fils durant deux ans et que j'ai du mal à trouver mes marques avec ma fille dans notre nouvelle vie à deux, j'apprends la mort tragique de David, 14 ans, le fils de Romy. La pire chose qui puisse arriver à une mère.

Grâce à Dieu, mon fils à moi est vivant et c'est en m'accrochant à cette idée que je me console comme je peux de son absence, en croisant les doigts pour que le temps qui passe apaise les esprits et nous fasse nous retrouver.

Et chacune de déménager, de changer d'adresse, de téléphone, de mari ou d'amant. Pour tout arranger, Annie, toujours entre deux tournages, a encore égaré le nouveau numéro de Romy qu'elle avait pourtant noté quelque part... C'est tout Annie, ça !

Tant pis ou tant mieux et la vie continue...

Sauf pour Romy qui disparaît brutalement le 28 mai 1982.

Je m'en suis toujours voulu de n'avoir pas trouvé le courage d'accepter son invitation en Bretagne. Un regret mêlé de remords qui me hantera encore longtemps en pensant que peut-être j'aurais pu lui alléger, ne serait-ce que quelques jours, ses souffrances et son mal-être. À ma manière, en la faisant sourire de mes bêtises, avec force anecdotes à l'appui. Juste quelques îlots dans un océan de larmes, sans doute, mais au moins j'aurais eu le sentiment de lui apporter le réconfort qu'elle sollicitait, même si elle ne l'avait fait qu'à demi-mot.

Encore une magnifique rencontre. Mais comme un sentiment d'échec, aussi.

19

Lolo

Avril 1980 – Isola 2000

Depuis quelques hivers, mon mari et moi avons pour habitude de nous octroyer deux semaines de vacances à la neige avec les enfants. Mais cette année, pour cause de décision tardive, nos plans se trouvent contrariés car tous les hôtels s'avèrent complets de l'autre côté de la frontière à Cervinia, en Italie, où nous avons séjourné pour les vacances de Pâques l'année passée.

Pour une fois que j'ai réussi à convaincre Lama de se joindre à nous avec Jean-Claude Petit, notre orchestrateur commun, la femme et les deux filles de ce dernier, pas de bol ! À moins que…

C'est notre cher maestro Jean-Claude qui trouve la solution, en même temps que de la place pour tout le monde, à Isola 2000, petite station ensoleillée des Alpes de Haute-Provence, où des amis musiciens ont leurs habitudes et quelques relations qui s'avèrent utiles pour trouver de quoi nous loger. Alors, allons-y pour Isola 2000 !

Je me sens plus que soulagée car l'idée de me retrancher à la campagne avec mari et enfants ne me souriait guère. Mon couple n'étant pas à son top niveau côté bonheur, j'ose croire que ces vraies vacances détente en famille à l'hôtel, repas au restaurant, loisirs multiples pour nos enfants et ceux des copains, ne pourront qu'être bénéfiques pour tous. En outre, la présence de Serge me rassure, sachant que mon mari ne se risquera pas à faire état de nos griefs privés devant ce dernier.

De plus, ce séjour nous permettra, à Lama et moi, de passer de bons moments hors du cadre habituel de notre travail. Pendant que nos conjoints respectifs se feront un plaisir de se ruer sur les pentes, ce qui n'est pas forcément dans nos objectifs, nous pourrons jouer tranquillement au Yams en terrasse, en refaisant le monde devant un bon verre de vin chaud à la cannelle.

*

La première semaine s'écoule, légère, joyeuse et miraculeusement paisible. Les habitudes-horaires ont trouvé naturellement leur place : école du ski pour les enfants dès 9 heures, direction pistes noires et rouges pour les adultes téméraires, vertes et bleues pour moi en attendant que mon partenaire de Yams émerge vers midi pour guetter notre retour en terrasse en faisant des réussites.

À 13 heures, la première manche contre la montagne gagnée, le régiment des semelles de plomb rejoint Serge, chargé de nous garder la grande table au soleil de La Raclette, le restaurant des copains.

Dans le brouhaha ambiant, mon attention est attirée par la diffusion dans les haut-parleurs d'une chanson, *Les Cactus* de Jacques Dutronc, que la tribu, installée en terrasse, ne manque pas de reprendre en chœur. Le son, plus fort qu'à l'accoutumée, provient du bar, et la voix qui couvre celle de Dutronc ne sort pas de la chaîne stéréo, mais de derrière le comptoir.

Un grand garçon, longs cheveux bouclés blond cendré, moustaches de viking, des yeux clairs en perpétuel mouvement, sourire bienveillant, dodeline de la tête et gesticule de tout son être en agitant un shaker derrière le bar, tout en incitant les clients à reprendre avec lui le célèbre refrain : *... aïe aïe aïe... ouille... aïe...*

L'apparente bonne humeur du garçon fait plaisir à voir. Il paraît avoir 27 ou 28 ans, bien que la moustache lui donne deux ou trois ans de plus. Je lui trouve des faux airs de Gérard Blanc, leader du groupe Martin Circus et un petit quelque chose de Patrick Dewaere, un acteur qui me touche infiniment.

Serge, à qui je confie ma réflexion, se met à observer lui aussi notre extraterrestre avec intérêt ; puis, voyant que j'ai toujours les yeux rivés sur le nouveau venu, croit bon d'apporter une réponse à la question que je n'ai pas posée :

— Ah oui !... c'est un copain d'Alain, le patron. Il vient d'arriver. Pour financer son séjour, il aide un peu au bar. Pas mal non ?

J'approuve d'un signe de la tête, sans rien laisser paraître du trouble qui m'a envahie. Hors de toute considération esthétique, je trouve qu'il émane de très bonnes ondes de ce garçon, ce qui n'a pas échappé à Lama si j'en crois la lueur rieuse que je croise dans le regard de mon complice. Cela ne m'empêche pas de continuer d'épier discrètement notre viking des neiges qui vient d'émerger de derrière son comptoir pour porter des cafés en terrasse aux clients pressés de retourner se casser une jambe sur les pistes.

Je remarque que lui en a deux ! Longues, fines et musclées, moulées dans un jean délavé, savamment rapiécé. Deux jambes au bout desquelles pointent des santiags aussi blanches que la longue chemise de grand-père au col largement ouvert et ceinturée de cuir, manches retroussées jusqu'au coude qui laissent apparaître une peau mate sous un duvet blond. Un mauvais point. J'ai peu de goût pour les hommes poilus !

Continuant ma revue de détail, je découvre son mètre quatre-vingt-cinq environ, une jolie bouche bien dessinée avec fossette au menton à la Kirk Douglas, un nez droit et fin, anneau en argent accroché sur le lobe de l'oreille gauche. Il se dégage de ce garçon un dynamisme et un enthousiasme qui donnent envie de communiquer avec lui. Ce que je ne fais pas.

Enfin… pas tout de suite !

Mon mari est assis un peu plus loin en face de moi et je me mets à le détailler, lui aussi.

Ex-chanteur-leader d'un groupe issu des années soixante (Les Célibataires), de taille moyenne, ce qui m'a souvent contrainte à abandonner l'idée de porter des chaussures à talons lors de nos sorties en couple, son visage semble fermé au premier abord, mais il gagne, comme on le dit, à être connu. Il n'incarne pas les canons de la beauté, mais possède un charme sûr dont il sait user avec talent, tant auprès de la gent masculine que féminine. Nous nous sommes rencontrés au cours d'une tournée commune seize ans auparavant, puis mariés 18 mois plus tard, au grand dam de mes parents qui caressaient le rêve de me voir épouser un médecin ou un avocat.

Dans la foulée, nous avons fondé ce qui nous apparaissait comme le symbole de la famille idéale : un premier enfant un an après le mariage, une petite fille, Raphaëlle ; puis est venu s'y ajouter le garçon, quatre ans plus tard, Emmanuel.

Vu de l'extérieur, notre couple fait depuis de longues années figure d'exemple de la réussite conjugale et sociale. Moi, compositeur et interprète reconnue ; lui, producteur et éditeur respecté de ses pairs. Deux enfants magnifiques, une belle et grande maison à l'orée de la forêt de

Rambouillet. Aux yeux de tous, Alice-Bernard rime avec Amour-Bonheur…

Mais déjà en 1972, patatras ! Pour des raisons d'incompatibilité de caractères et de divergences d'idéaux, nous évitons de justesse la rupture définitive grâce à la présence bénie de nos deux enfants encore en bas âge. Mais pour moi une espèce de compte à rebours a commencé. Je sens, je sais, qu'entre Bernard et moi rien ne sera plus jamais comme avant. Je m'efforce de m'accrocher aux branches, tant bien que mal, privilégiant le bien-être de mes enfants au bonheur de mon couple.

Ce qui avait été de l'amour fait place alors à la tendresse, aux petites joies simples de voir grandir nos poussins ; la complicité professionnelle qui nous lie nous aide momentanément à trouver encore des plages de plaisirs partagés, puisque nous travaillons et vivons ensemble à plein temps.

Autant d'éléments indispensables pour entretenir une amitié durable, mais qui vont se révéler favorables aussi pour tuer un mariage en douceur.

Une pente sur laquelle nous allons glisser inexorablement à dater du cap réputé fatidique, pour certains, des sept ans de mariage jusqu'à celui, tout aussi difficile à passer, dit-on, des quinze ans.

Quinze ans de mariage que Bernard a déjà prévu de fêter en novembre prochain lors d'un dîner aux chandelles en tête à tête dans un grand restaurant parisien avec gâteau et bougies à souffler à deux. Le romantisme dans toute son hypocrite splendeur quand on sait que la fin de ce qui ne restera qu'une belle histoire est proche.

Une soirée en perspective qui est loin de me réjouir.

C'est dans ces circonstances plutôt défavorables que j'essaie malgré tout de me convaincre que ces vacances sauveront peut-être notre couple du naufrage et m'aideront à redevenir tout simplement une femme amoureuse de son mari.

*

L'arrivée de notre viking des montagnes n'a troublé en rien le déroulement de nos vacances à la neige, à cela près que notre mister Mystère se joint maintenant le soir à notre tablée après son service pour parler avec nous. C'est ainsi que j'apprends qu'il est étudiant en lettres, fréquente le Quartier latin et ses idées gauchisantes semblent fidèles à l'image que l'on se fait alors des universitaires. Merci, Mai 68 !

Celui dont je ne connais que le diminutif, Lolo, agace déjà mon mari, tant par son accoutrement, certes inventif mais hors mode et hors normes, que par sa façon de s'exprimer qui l'amène souvent à user de références littéraires pas toujours accessibles pour nous, pauvres saltimbanques sans diplôme.

Pour ma part, j'éprouve une certaine admiration pour ce jeune érudit encore curieux d'apprendre, ouvert aux discussions, à nos petites histoires professionnelles, sachant réagir avec humour et intelligence aux réflexions des uns et des autres, et qui s'efface élégamment dès que la conversation prend un tour plus privé. Un vrai gentleman.

Les jours suivants, le garçon me propose de me joindre à lui pour aller skier. Bien que l'envie de profiter de cette occasion pour mieux le connaître me démange, je crains, en acceptant, de déclencher une énième crise de jalousie chez mon Napolitain de mari. Je choisis donc de m'en tenir à nos sympathiques échanges de fins de soirées et décline à grand regret, trois jours de suite, l'aimable invitation.

En s'installant, comme à l'accoutumée, à notre table l'avant-dernier soir de notre séjour, Lolo a déposé discrètement près de mon assiette un quart Vittel dans lequel il a plongé une rose. Bien que la démarche m'étonne, j'associe celle-ci à un geste galant et purement amical, ce que mon voisin de table conteste. Serge préfère voir là les prémices d'une aventure qui, même si elle s'avère sans lendemain, animerait un peu mon quotidien, et s'en réjouit à l'avance.

Bien que je ne sois jamais entrée dans les détails en lui relatant avec amertume mes déboires conjugaux, il sait le mal-être qui me ronge depuis sept ans et ce qu'il m'en a coûté pour maintenir mon couple à flot. Mais Serge a tendance aussi à réagir en homme qu'il est et que je ne suis pas. Alors, non merci, et très peu pour moi les aventures d'un soir !

Installé à l'autre bout de la table, mon mari n'a manifestement rien vu de l'épisode du quart Vittel, tandis que d'âpres souvenirs rejaillissent au plus profond de moi.

Depuis des années, mon mari m'entend lui reprocher régulièrement de ne jamais avoir l'idée de m'offrir parfois ne serait-ce qu'une rose, comme ça, pour rien, juste pour le geste. Mais malgré cela, il n'a pas pour autant décidé de bousculer ses habitudes.

Jusqu'au jour où nous avons emménagé dans la belle maison de campagne des Yvelines. En ouvrant les volets de l'immense chambre qui donnait directement sur le jardin en rez-de-chaussée, il s'est écrié d'un air triomphant, en me montrant le parterre de rosiers qui s'étalait sous nos yeux :

— Tiens ! Voilà ! Choisis ! Chaque matin tu pourras te cueillir celle qui te plaît !

Il faut dire que la délicatesse n'a pas toujours été son fort.

Le lendemain du quart Vittel et de la rose, j'ai décidé de consacrer l'après-midi au bouclage de nos valises, non sans une certaine nostalgie à l'idée qu'il ne nous reste plus que 24 heures avant de repartir. 24 heures dont il va falloir profiter à fond, me dis-je. Mais profiter de quoi ?

En glissant la rose que j'ai pris soin de conserver entre deux tee-shirts, j'entame une espèce de bilan de nos vacances. Positif pour les enfants, tout beaux et tout bronzés, ravis de s'être fait de nouveaux copains et copines. Positif pour mon mari qui a largement profité de son bol d'air annuel en passant la majeure partie de son temps sur les pistes. Positif pour moi et mes taches de rousseur qui ont triplé sous le beau soleil en terrasse pendant les interminables parties de Yams avec Serge. Positif pour ce dernier, ravi que nous ayons pu parler longuement ensemble, ce qui ne nous était pas arrivé depuis belle lurette, et dont nous avions besoin, l'un et l'autre.

Et mon couple dans tout ça ?

La vieille ado attardée et romantique que je suis restée à 34 ans révolus ne peut que constater qu'elle serait encore capable de craquer bêtement à cause d'une bouteille d'eau et d'une rose, et bien que je me sois interdit de céder aux battements de mon cœur, cette soudaine disponibilité d'esprit me fait aujourd'hui très peur.

À ce moment précis, j'ai le sentiment étrange d'être arrivée à un point de non-retour en ce qui concerne mon mariage...

*

Un dîner bien arrosé parce que c'est le dernier. Fêter notre départ après en discothèque, propose Lolo ? Même Serge est d'accord, alors OK, on se retrouve un peu plus tard, après le digestif...

2 heures du matin. À peine installés sur les banquettes de La Tanière, allez savoir pourquoi Michèle, la compagne de Serge, avec son sixième sens, a décidé d'inviter Bernard à

danser sur le dernier tube de Richard Cocciante *Le Coup de soleil*… Dans la foulée, c'est Lolo qui me convie à faire de même, alors j'accepte.

J'ai attrapé un coup d'soleil
Un coup d'amour, un coup d'je t'aime
J'sais pas comment, faut qu'j'me rappelle
Si c'est un rêve t'es super belle
J'dors plus la nuit, j'fais des voyages
Sur des bateaux qui font naufrage

Trois minutes trente de chavirements entre l'enfer et le paradis. J'aime la douceur de ses bras, la chaleur de son corps qui entraîne le mien à le suivre avec sensualité. Il me suggère de nous revoir un de ces quatre à Paris pour boire un pot ? Mais non, il ne faut pas. Je n'ai qu'à demander ses coordonnées à Alain ?… D'accord, je le ferai avant de partir. Mais tout ça va nous mener où ?

Il a glissé sa joue contre ma joue et esquisse un baiser dans mon cou. C'est bon, c'est doux, mais il ne faut pas. Où sont mon mari et Michèle ? Je ne les vois plus danser et ça m'est complètement égal. Je me sens divinement bien, et terriblement mal à la fois. Lolo m'annonce qu'il rentre dans trois jours. Et alors ? Dans trois jours j'aurai retrouvé ma campagne, mes chiens, mes chats, mes poules, mon potager. Je m'occuperai un peu du jardin, histoire de me vider la tête. J'aurai rempli le frigo, fait des machines de linge, puis remisé les équipements dans leur carton « spécial neige » jusqu'à l'année prochaine. Retrouvé mes marques.

Urgent de redescendre sur terre. Mais est-ce possible ?

La chanson est finie. Le temps des slows aussi. Lumières psychédéliques de toutes parts. Musique disco à fond. Ça déboule de partout pour se déhancher sur la piste. Lolo s'est évanoui dans la foule. Où est-il ? Je ne le vois plus. Bernard avance l'idée d'un dernier verre avant de se quitter. C'est vrai qu'on se lève tôt demain. Plus envie de danser. Tout le monde commence à embrasser tout le monde pour prendre congé.

C'est le moment qu'a choisi Lolo pour resurgir de nulle part, comme alerté par notre départ imminent. Le temps de me gratifier d'un banal « Salut et à bientôt j'espère », selon la formule consacrée, qu'il ponctue de deux bises bien chastes, le tout d'un air détaché, comme si rien ne s'était passé, et le voilà reparti vers sa vie de noctambule aguerri…

Après tout, s'est-il vraiment passé quelque chose ou ce sentiment de vulnérabilité qui m'étreint ne serait-il que le fruit de mon imagination débordante ?

Durant le trajet dans les longs couloirs qui nous ramènent vers l'hôtel, j'ai tout le temps de laisser s'installer en moi les pires doutes. Je ne peux m'empêcher de penser que tout cela n'a été qu'illusion et que je me suis fait un joli film de vacances dans mon esprit de midinette en manque de romantisme.

Peut-être mon petit cœur a-t-il seulement éprouvé le besoin de se faire chahuter pour savoir s'il pouvait battre encore très fort pour quelqu'un ? Peut-être que le quelqu'un a l'habitude d'offrir une rose dans un quart Vittel à toutes les femmes qu'il trouve sympas ? Peut-être aussi danse-t-il toujours le slow de cette façon avec ses cavalières d'un soir ? Peut-être a-t-il quelqu'un dans sa vie ? Peut-être, d'ailleurs, aurais-je dû lui poser la question ?

Peut-être… Peut-être…

Je passerai quand même demain matin prendre ses coordonnées et laisser les miennes à Alain-de-la-Raclette, puisque je le lui ai promis.

Est-ce un trop plein de tristesse, d'angoisse, de fatigue et d'émotions qui m'amène à un besoin soudain de retrouver ma maison, mes murs, mon piano, mes chansons et mon parterre de roses. Passer un bon coup de balai sur tout ce qui, finalement, n'est peut-être jamais arrivé à Isola.

Balayés les amours avec leurs trémolos, balayés pour toujours… je repars à zéro.

Bien vu, madame Piaf !

*

Trois jours que nous sommes rentrés, dont deux nuits pour moi sans fermer l'œil.

Sur l'écran noir de mes nuits blanches, je me suis fait mon cinéma.

> *J'sais pas comment faut qu'j'me rappelle si c'est un rêve… j'dors plus la nuit, j'fais des voyages sur des bateaux qui font naufrage…*

Sur la chanson de Richard Cocciante, un grand visage entouré de boucles blondes s'étale sur le plafond de ma chambre. Comme pour refuser que ses traits ne s'estompent, je lutte contre le sommeil pour que chaque contour demeure intact, de la couleur de ses yeux à la fossette du menton. J'ai l'impression qu'en tendant les bras je pourrais le toucher.

Ma pauvre fille, tu es complètement folle, me dis-je, au petit matin.

Complètement épuisée, aussi.

Bernard, apparemment en pleine forme, a mis mes insomnies et les migraines que j'invoque pour échapper au devoir conjugal sur le compte de notre séjour en altitude et du changement d'air, ce dont je ne le dissuade pas, bien au contraire.

En attendant, il faut vraiment que j'en aie le cœur net, vu que je me sens dans l'incapacité totale de faire quoi que ce soit de cohérent tant que je serai dans cet état-là. Pour me raisonner, j'essaie de me convaincre que mieux vaudrait revoir l'objet de mes insomnies au plus tôt pour qu'il descende du piédestal sur lequel je l'ai posé depuis mon retour au bercail.

En attendant, il ne m'a pas rappelée. Mauvais présage.

Raconter tout ça à Pégounette, ma secrétaire-meilleure-amie et confidente. Elle seule saura trouver les mots que j'ai besoin d'entendre.

— Dans quelle panade tu t'es embesquée !...

J'adore Pégoune, cet accent méridional avec ses mots à elle, et l'art qu'elle sait déployer pour détendre l'atmosphère.

— ... Mais je pense que tu as raison. Il faut que tu le revoies très vite ! Pense au moniteur de ski, hyperbronzé avec la combine rouge, le regard mystérieux derrière les lunettes de soleil et tout le bazar... et imagine le même, mais en Monsieur tout-le-monde, sans sa montagne, en complet trois pièces-cuisine, paumé avec son plan de Paris sous la pluie, la marque des Ray Ban qu'il n'a plus sur le nez... Sûr que tu vas vite déchanter dès qu'il aura perdu de sa superbe ! Allez, courage ma Lily... n'attends pas qu'il te téléphone. Vas-y fonce et appelle vite !

Oui, ma Pègue, tu as sûrement raison. Je vais appeler.

C'est une charmante voix féminine qui décroche à l'autre bout du fil. Un ange passe, les ailes chargées de TNT... S'il y avait quelqu'un dans sa vie, je pense qu'il me l'aurait dit... ou alors il ne serait pas venu seul à Isola... Tempête sous un crâne... Allez, courage et présentons-nous !

— ... Oh je suis désolée, madame Dona, mais Laurent n'est pas là... Voulez-vous que je lui laisse un message ?... Il m'a parlé de vous... Je suis sa maman... Je suis très heureuse de vous entendre car mon mari et moi vous admirons depuis longtemps, madame Dona...

Sa maman ? Ouf ! Je n'entends déjà plus la suite. Pas de compagne à l'horizon ! Je bredouille des remerciements et propose qu'il me rappelle le lendemain quand je serai chez le coiffeur à Paris.

Vite avertir Pégounette pour qu'elle vienne avec moi, au cas où... Vite prendre rendez-vous chez le coiffeur.

Vivement demain !

*

Dans le petit salon de la rue Jean-Mermoz, chaque sonnerie du téléphone me met dans un état d'énervement intense. Jusqu'à ce que l'on demande à me parler. Je charge Pégoune de s'y coller.

— Allô ?.... Oui elle est là, c'est sa secrétaire à l'appareil, ne quittez pas, je vous la passe... non non, ça ne la dérange pas !

Puis s'adressant à moi à voix basse en couvrant de sa main le combiné :

— Pétard... je n'ai pas vu le reste mais il a une super belle voix...

Enfin je l'entends. Je tremble de la tête aux pieds. Il parle rapidement, d'une voix douce que je redécouvre. Manifestement, il avoue qu'il ne s'attendait pas à m'entendre de sitôt, ce qui me déconcerte. J'attendais un peu plus de chaleur et d'enthousiasme. Me reprenant rapidement, je prétexte ma venue chez le coiffeur pour suggérer qu'éventuellement nous en profitions pour boire un pot quelque part ensemble, comme il me l'avait proposé à Isola... Je crois bon d'ajouter avoir absolument besoin de lui parler.

— Ah bon ? Eh bien, pas de problème. Si tu es libre vers 15 h 30, je sors de la fac et je suis libre ensuite. On peut se retrouver quelque part vers 16 heures si ça te dit...

Oh oui, bien sûr que ça me dit, dimanche, lundi ! Où il veut ! Quand il veut !

Vite, trouver un café connu pas trop loin de Jussieu. Le Mabillon, boulevard Saint-Germain me vient à l'esprit par hasard. Excepté le célèbre Café de Flore, c'est le seul que je connaisse dans le Quartier latin. Rendez-vous à 16 heures ? OK. Super ! Alors ciao, à tout à l'heure !

Tout s'est passé si vite... Je retourne au shampooing, pour informer Pégoune de « notre » rendez-vous à 16 heures, en insistant pour qu'elle m'accompagne. Elle trouve puéril ce côté « jamais sans ma copine » qui la défrise, mais néanmoins consent, trop curieuse en même temps de rencontrer l'objet de mes pensées !

— C'est parti, ma Lily ! sera son seul commentaire.

À 15 h 35, la chance est avec nous. Une belle place vient de se libérer sur le boulevard Saint-Germain et j'y gare sans problème mon gros Range Rover. Il ne nous reste plus qu'à arpenter à pied les deux cents mètres qui nous séparent de la terrasse du Mabillon, un trajet qui, entrecoupé des questions impatientes de mon chaperon, me paraît interminable.

— Tu le vois ? Tu le vois ?... Est-ce que tu as le bâti-bâti ? (En méridional : est-ce que tu as le cœur qui bat ?)

Oui, ma Pègue. J'ai le cœur qui bat à trois mille à l'heure. L'horreur totale !

Enfin je l'aperçois qui sirote un Coca. Même tenue que celle du premier jour à Isola : chemise blanche aux manches retroussées et santiags assorties, jean moulant délavé et rapiécé, large ceinturon de cuir marron. Bisous fraternels de part et d'autre. Il semble rassuré par la présence de Pégoune. Tant mieux ! Nous parlons du soleil d'Isola, de celui plus pâle de Paris, de ses activités estudiantines, de mon retour à la campagne. J'apprends aussi son nom que j'ignorais : Boyer. J'avoue être presque déçue par la banalité de son patronyme que j'avais imaginé plus original. Et pourquoi pas Durand ou Dupont ?

Au bout d'une demi-heure, au hasard de la conversation, il nous avoue aussi son âge : 22 ans et demi !

Pégoune en a avalé de travers la dernière gorgée de son diabolo-menthe tandis que j'ai failli renverser mon café en faisant le constat navrant des douze ans qui nous séparent. Oh la terrible soustraction !

Je ne sais plus ce qui m'amène à penser qu'il y a moins de différence entre lui et ma fille qu'avec moi, mais je sais en tout cas qu'il me faut absolument trouver le moyen de redescendre sur terre. Moi qui lui donnais presque 30 ans, 28 au pire, jamais je n'aurais pensé qu'il pût en avoir 22, même et demi ! Mon horizon vient de s'assombrir dangereusement.

Pégoune, très réceptive au malaise qui me gagne, me signifie d'un clin d'œil entendu qu'il faut « qu'elle y aille ». Je lui propose donc de la raccompagner chez elle en voiture avec Laurent, après quoi nous irons peut-être boire, lui et moi, un verre ailleurs. Qu'en pense Lolo ? Lolo est d'accord.

Avant que la Pègue nous quitte sur le boulevard Voltaire, je crois lire un éclair d'encouragement dans ses yeux, comme pour me dire « Accroche-toi, ma Lily, rien n'est perdu ! ». Mais je n'en mène pas large en pensant que rien n'est vraiment gagné non plus !

Après avoir bu un pot à deux dans un bistrot près de Notre-Dame et continué à parler de tout et de rien en riant comme des gamins, je propose à Laurent de le raccompagner à sa voiture, restée près de Jussieu, abandonnant presque l'idée de lui avouer mes états d'âme du moment. Lolo est d'accord.

Pas contrariant, le garçon !

C'est dans le Range Rover que je décide de me jeter à l'eau et lui balance tout d'une traite. Isola, Dutronc, le coup de la rose, le *Coup de soleil* et celui du slow, le cœur qui bat trop fort et les nuits sans sommeil ; je lui raconte la bulle dans laquelle j'ai l'impression de flotter depuis trois jours et l'espoir que j'avais de retomber sur terre dès que je me serais confiée à lui.

— Alors, ça va mieux maintenant, j'espère ! me lance-t-il gaiement.

Sa réaction me désarçonne. J'aurais préféré la même sous forme de question, mais surtout pas d'affirmation. J'ai le sentiment que le fait d'apprendre que je suis accro comme une gamine l'amuse. Point barre. Comme une douche froide qui me tomberait dessus. Me faire ça à moi dont le cœur bat la chamade depuis que je l'ai aperçu tout à l'heure à la terrasse du Mabillon ! Il me faut répondre à sa non-question. Immédiatement.

— Non, ça ne va pas du tout… c'est pire !

— Moi je trouve ça plutôt marrant, réplique-t-il en riant.

Étonnant, ce garçon qui trouve ça « plutôt marrant » et cette légèreté avec laquelle il prend la chose est loin de me simplifier la vie. Que faire ? Que dire ? Comment réagir à présent tout en restant digne ? Je suis au bord de la grosse déprime. Maman ! Au secours !

Mais maman ne m'aiderait pas forcément dans ce genre de situation. Elle me conseillerait sûrement de redescendre vite sur terre, de rentrer au plus tôt dans mes foyers et de m'occuper de mon mari, de ma cuisine et des enfants. Heureusement que je ne lui ai encore rien confié de ce qui m'arrive !

Comment ce bref échange va se transformer en une séance de bouche à bouche à faire pâlir une équipe du SAMU au grand complet ? Me suis-je ruée sur lui, ou lui sur moi ? Je ne sais plus. Mais tout ce dont je me souviens c'est qu'à cette minute précise quelque chose m'a encouragée à tout faire pour vivre cette histoire-là, quitte à ce qu'elle ne dure que ce que durent les roses, l'espace d'une semaine ou d'un mois…

J'ai pleinement conscience d'être tombée amoureuse et il est hors de question pour moi de vivre cette belle aventure en cachette et de « cumuler les mandats » !

Vite parler à mon mari en priorité. Lui annoncer, sans évoquer Lolo tout de suite – vu que je ne sais pas moi-même où tout cela va m'emmener –, que je ne peux plus vivre avec lui. Une discussion qui s'annonce terrifiante à l'avance, mais nécessaire. Expliquer ensuite aux enfants que leurs parents ne s'entendent plus et qu'ils préfèrent se séparer plutôt que de leur infliger des scènes à n'en plus finir.

C'est après, seulement, que je partirai pour profiter à cent pour cent ce qui s'annonce, depuis la naissance de mes enfants, comme la plus belle histoire qu'il m'ait été donné de vivre. Seul Laurent l'ignore encore ! Mais chaque chose en son temps.

*

Un mois plus tard, après moult discussions aussi houleuses que douloureuses et après m'être assurée que les enfants ne souffriront pas trop de ma décision avant l'été vu qu'ils sont en pension, je quitte maison, mari, chiens, chats et compagnie, non sans heurts et sans larmes, sans rien emporter d'autre que mon piano à queue, mes tenues de scène, mon vanity-case, deux ou trois jeans et quelques sweat-shirts. Je laisse tout le reste à Bernard et pars à la recherche d'un petit studio dans le quartier du Marais où j'installerai ma nouvelle vie de célibataire.

Et ce qui fut dit fut fait.

Durant les jours qui ont suivi, je suis devenue la reine du sous-sol du BHV que j'investissais quotidiennement pour équiper mon nouveau chez moi : six fourchettes, six couteaux, six assiettes, batterie de casseroles, peinture, pinceaux, le rayon bricolage n'avait plus de secret pour moi.

Il a bien fallu trois longs mois et un été complet, durant lesquels je rejoignais mon amoureux à Noirmoutier où il était saisonnier, avant que Laurent ne consente enfin à « oublier » chez moi sa brosse à dents puis un livre, un tee-shirt, un jean, des chaussettes… Oui, un slip aussi !

Qui aurait pu me dire alors que la belle rencontre allait durer trente ans ? Ou plus si affinités ?… « Lol », aurait dit Alexane, ma chère petite-fille, quand elle avait 15 ans.

20

Pat

Les quelques rendez-vous clandestins que j'ai avec Laurent ont lieu dans des bistrots. Bistrot de la Fac, de Saint-Germain, de la Porte de Saint-Cloud ou d'Italie.

Mais c'est d'abord dans celui du boulevard Beaumarchais, face au Cirque d'hiver, que je vais pallier mes manques de câlins et de baisers en ce mois d'avril 1980, entre deux répétitions pour le grand Gala de l'union des artistes qui aura lieu le 18 avril prochain et pour lequel je répète, hormis la parenthèse des vacances à Isola, quotidiennement depuis le mois de février.

La séparation d'avec mon mari s'annonçant plus difficile que je ne l'avais imaginé et mes activités professionnelles impliquant que nous restions en contact permanent, cela ne facilite pas les relations entre nous. Je me promets d'y mettre un terme dans les plus brefs délais.

Mais avant d'envisager une année sabbatique qui me permettra de prendre mon indépendance sur le plan artistique et de constituer une nouvelle équipe de travail, il me reste à honorer une dernière obligation : mon numéro de cirque du Gala de l'union des artistes. Une promesse engagée auprès du comédien Jacques Fabbri qui m'a contactée au début du mois de janvier.

Dès notre premier échange téléphonique, j'ai su que je lui dirais oui. La gouaille, la chaleur, la générosité, la passion et le respect de l'acteur pour les saltimbanques m'ont immédiatement convaincue d'accepter sa proposition. D'autant que cette soirée unique sera l'une des plus prestigieuses de l'année. Le spectacle réunissant des artistes de tous bords, théâtre, chanson, cinéma, télévision, et le fruit de la recette étant destiné à une association, le Tout-Paris smoking et robes longues apportera à coup sûr sa contribution pour ne surtout pas manquer cette représentation exceptionnelle. Je suis d'autant plus flattée que Jacques Fabbri ait pensé à moi.

Reste à trouver le numéro qui me conviendra le mieux. Rendez-vous est donc pris avec celui qui jouera le rôle de Monsieur Loyal pour décider ensemble de la prestation qui relèvera le mieux de ma compétence.

Les serpents ? Oh non, pitié, mon cher Jacques ! La seule vue de ces charmantes bestioles sur un écran de télé ou de cinéma me donne des frissons. Quant à les toucher, rien que d'y penser me donne la nausée, mieux vaut oublier !

Les éléphants ? Beaucoup trop gros.

Le trapèze ? Impossible, je suis raide comme un manche à balai et j'ai le vertige à deux mètres du sol, alors imaginez là-haut...

Les chevaux ? J'ai arrêté depuis peu pour cause de problèmes vertébraux. Dommage, j'aurais vraiment aimé...

Et si on envisageait les clowns ? Déjà pris ? Tant pis.

Les tigres ? Je déteste les voir en cage et je suis courageuse mais pas à ce point-là...

Bon, alors, restent les chimpanzés. Alors là, je dis un grand oui ! J'ai toujours rêvé d'avoir un de ces animaux chez moi.

C'est avec un enthousiasme débordant que j'accepte cette proposition de la dernière chance et rendez-vous est pris pour déjeuner dès le lendemain avec la famille chargée d'initier la seule artiste volontaire pour présenter le numéro des chimpanzés. Ça, c'est fait !

Au vu de l'adresse, j'imagine que le déjeuner se déroulera dans un restaurant proche du Cirque d'hiver, mais en arrivant sur les lieux, je m'aperçois qu'il s'agit d'une caravane, installée pendant la durée des répétitions dans la cour même du cirque.

Dans la famille Joubineaux, je demande le père : un bonhomme jovial qui vous broie la main plus qu'il ne vous la serre. Chef d'une famille de quatre enfants dont la petite dernière a trois ans, tout comme le chimpanzé junior auprès duquel je vais devoir passer un premier test. Si ce dernier m'adopte, m'explique-t-on, il entraînera aisément ses deux autres congénères, plus sauvages, à m'obéir aveuglément.

J'écoute attentivement. J'enregistre les informations. Mais si par hasard chimpanzé junior ne m'aimait pas ?

C'est Jacques Fabbri qui répond à la question que je n'ai pas encore posée.

— Eh bien, s'il ne t'aime pas, nous devrons purement et simplement annuler le numéro.

Ah non, pas question ! Alors on va tout faire pour sympathiser, l'animal et moi !

En entrant dans la caravane, j'ai comme l'impression qu'on n'attendait plus que nous : les enfants sont déjà tous à table à leur place, silencieux. Madame Joubineaux me salue d'une main, une casserole dans l'autre, tandis qu'on me présente à la famille. Pat, le chimpanzé, est assis lui aussi sur la banquette côté salle à manger, entre le fils aîné et la cadette. Il attend manifestement qu'on lui remplisse son assiette, serviette autour du cou et fourchette dans la main. Né en même temps que la petite fille il y a trois ans, tous deux ont été élevés de la même façon. Le chimpanzé a son lit, comme chacun des enfants.

Monsieur Joubineaux m'invite à prendre place juste en face de mon futur ami. Ce dernier a continué de me regarder, tantôt bien droit dans les yeux, ce qui me gêne considérablement, tantôt de travers, observant avec insistance mes cheveux, mon visage, mes mains, mes vêtements.

Oubliant qu'il s'agit d'un chimpanzé, j'ai presque envie de lui faire remarquer qu'il est indécent de déshabiller ainsi une femme du regard.

Comprenant ma déconvenue, le père me recommande vivement d'afficher la plus grande indifférence et ce jusqu'à la première démarche physique de notre cher Pat.

Comment ça, une démarche physique ? me demandai-je avec inquiétude. Il ne va quand même pas me sauter dessus sans crier gare ! Courageuse mais pas trop téméraire de nature, je détourne donc le regard de l'animal et m'abstiens même de tendre la main au cher bipède. Tant pis pour lui !

Mon premier test-repas se déroule dans la plus grande convivialité et les anecdotes de Jacques Fabbri aident largement à briser la glace, surtout que les Joubineaux ne regardent pas la télé et n'écoutent pas la radio. Résultat ? On me harcèle de questions et il faut que je leur raconte ma vie et mon œuvre dans leurs moindres détails, ce qui, bien entendu, n'engendre aucun intérêt de la part de mon nouveau collègue le chimpanzé !

— Tout est normal, ne vous inquiétez pas, Alice. Rendez-vous donc demain, ici, même heure. Soyez patiente.

Monsieur Joubineaux a perçu ma hâte manifeste à vouloir commencer les répétitions au plus tôt.

Oui, monsieur. Bien, monsieur !

Le lendemain, puis le surlendemain, le même rituel se reproduit, à la différence près que Pat se déplace chaque jour d'assiette en assiette dans ma direction. Le troisième jour, on m'encourage à serrer la main qu'il m'a spontanément tendue. Une petite main douce et chaude que je saisis timidement. Bien qu'il ait levé les yeux au ciel durant ce premier échange « charnel », ce qui me vexe profondément, je prends le geste comme un énorme signe d'encouragement.

Lors de la quatrième leçon-repas, j'apprends, à mon grand étonnement, que dans un an Pat ne pourra plus vivre au sein de la famille, car il sera passé à l'âge adulte. Plus grand, plus robuste, plus fort, il risque de devenir plus agressif aussi et devra certainement poursuivre sa vie dans les grandes cages, avec ses congénères.

En détaillant l'animal comme il l'avait fait pour moi, je n'ai pourtant qu'une envie : communiquer, le prendre dans mes bras, lui parler, le caresser... Comment un spécimen si craquant pourrait-il s'avérer dangereux en si peu de temps ? Le sieur Joubineaux me fait comprendre que j'aurai droit à mes câlins en temps voulu et qu'il me faudra encore un peu de patience.

En pénétrant dans la cour le cinquième jour, j'ai cru voir le rideau de la caravane se rabattre brusquement. Le fils aîné m'annonce la bonne nouvelle : depuis une demi-heure il semble que Pat guette mon arrivée derrière la fenêtre. Un très bon présage, paraît-il.

Pendant le déjeuner, je remarque aussi que le chimpanzé prend un malin plaisir à reproduire le moindre de mes mouvements. Je tousse, il tousse. Je saisis ma fourchette, il fait de même. Je bois, lui aussi...

— On avance très bien, conclut le père, apparemment fort satisfait de la tournure prise après ces face-à-face successifs.

De plus, je constate au bout d'une semaine que Pat a pris place spontanément à ma gauche. Un bon point supplémentaire pour moi. Durant ce repas-là, j'ai droit à un inventaire complet du contenu de mon sac à main, à une fouille discrète de ma poche gauche, dans laquelle on m'a conseillé de glisser quelques Smarties, puis s'ensuivent un échange de verre et un vol de frites dans mon assiette. Un triomphe, paraît-il ! À tel point que Pat s'est jeté littéralement dans mes bras pour me dire au revoir en me tendant sa bouche sans aucune pudeur. Ça, c'est du roulage de patin comme on n'en voit plus !

L'acclimatation mutuelle va durer deux semaines, jusqu'à ce que Monsieur Joubineaux décide de passer à l'étape suivante.

— Je pense que nous sommes prêts, maintenant !

C'est comme si j'avais réussi mon contrôle trimestriel. Reste à passer l'examen de fin de cycle.

Les répétitions ont donc commencé sous le chapiteau. Des répétitions un peu frustrantes pour moi qui ne consistent, dans un premier temps, qu'à assister au numéro en bord de piste, sans aucune participation de ma part, tandis que les enfants Joubineaux vont exécuter celui-ci avec les chimpanzés au grand complet. Hormis Pat qui vient chercher sa dose de bisous et de Smarties dans ma poche après chacune de ses prestations, les autres animaux me regardent de travers et me semblent moins avenants que mon nouvel ami, parce que plus grands et plus imposants que lui. Mon travail se résume, en fin de séance, à récompenser chacun à l'aide de quelques bonbons que je dois leur distribuer de la main à la bouche. De grandes bouches, pour certains !

Tout se passe pour le mieux avec Priscia, après qu'elle a exécuté brillamment son irrésistible numéro de strip-tease, minutieusement réglé par la Joubineaux-family, dont le travail et la patience forcent mon admiration.

Les enfants me fascinent tout autant que les parents. Toujours le sourire, toujours un mot gentil et prévenants à mon égard, jamais de problèmes apparents. Pas de cris de protestations quand on leur demande aux aurores d'aller nettoyer les cages, nourrir les bêtes, les laver, les sortir, changer les litières, ou de faire les courses pour maman

Joubineaux. Ensuite vient l'entraînement. Pour l'un au trapèze, pour l'autre au fil du funambule.

Si seulement mes enfants pouvaient assister à cette belle leçon de vie où tout semble possible... (Pour la petite histoire, c'est par le plus grand des hasards que mon fils Emmanuel va intégrer cinq ans plus tard l'école du cirque d'Annie Fratellini).

Dès le premier regard, j'ai su que la grosse Lulu me détestait. Avec sa mâchoire carrée et sa fourrure grise et blanche, elle paraît bien plus vieille et plus féroce que la guenon Priscia, au pelage marron foncé. Ses petits yeux noirs fouineurs, et sa grande taille aussi, m'ont tout de suite impressionnée. Il m'a fallu des sacs et des sacs de bonbons toujours nouveaux pour calmer sa haine apparente.

Pat, qui semble avoir perçu l'inimitié ambiante, redouble d'efforts en virevoltant de la trouillarde Lily à la grosse Lulu, comme pour convaincre cette dernière qu'elle n'a rien à craindre de la méchante fille qu'elle croit que je suis...

Mais c'est peine perdue car Lulu n'a rien trouvé de mieux que de profiter d'un moment d'inattention de ma part pour me mordre sournoisement la main de ses dents aiguisées.

Pouce ! Monsieur Fabbri, tu ne m'avais pas prévenue que je risquais de laisser ma peau dans la gueule d'un chimpanzé géant !

Contrarié par l'incident, le père Joubineaux m'a ordonné d'user de beaucoup plus d'autorité durant le numéro avec la grosse Lulu, en lui brandissant plus souvent mon fouet sous le nez et surtout de ne jamais la lâcher du regard. J'avoue que l'idée d'utiliser la violence, verbale ou physique, pour arriver à mes fins, me déplaît au plus haut point, même s'il s'agit d'animaux. Cela réveille en moi certains souvenirs encore trop récents et trop douloureux, en rapport direct avec ma récente rupture conjugale.

Durant la représentation de la grande soirée de gala du 18 avril, bien que j'aie hurlé très fort après la grosse Lulu, cette dernière n'a pas hésité à me manifester une nouvelle fois sa haine en me mordant encore la main, et pendant le numéro s'il vous plaît ! Heureusement, le public n'y a vu que du feu. Il n'avait d'yeux que pour Sophia Loren qui trônait avec Lama dans la loge d'honneur.

Mon dernier tour de piste en moto et side-car avec les trois chimpanzés a déclenché un tonnerre d'applaudissements. Un triomphe que j'ai savouré en revenant saluer avec Pat dans les bras tandis que ce dernier ne cessait de m'embrasser goulûment, ce qui n'a pas manqué de déclencher l'hilarité et l'enthousiasme général du public. Un immense moment de bonheur partagé. Un de plus.

Merci, monsieur Fabbri, de m'avoir permis de vivre celui-là.

*

Difficile de quitter l'espace dans lequel on a vécu quasiment en vase clos durant trois mois entiers. Mais le temps des au revoir et des cassures brutales est arrivé, que ce soit avec mes proches ou avec cette magnifique famille du cirque qui m'a apporté la plus belle leçon d'humanité et d'humilité dont on puisse rêver.

La caravane Joubineaux reprend la route dès demain et je suis invitée au déjeuner d'au revoir.

En pénétrant dans la cour du cirque, je n'ai pas vu se rabattre le rideau comme à l'accoutumée. Curieuse sensation. À l'intérieur, tout le monde est installé sur la banquette. Pat a repris sa place initiale, à l'autre bout de la table, comme au premier jour de notre rencontre.

Il n'a même pas levé les yeux sur moi et s'obstine à triturer dans ses doigts la petite peluche que je lui ai offerte le soir du spectacle. Malgré mes tentatives pour attirer son attention, rien n'y fait, ce qui étonne aussi les membres de la famille.

On me conseille de l'ignorer, comme il m'a été recommandé de le faire lors de notre premier déjeuner. Mais c'est lui cette fois qui va me snober durant tout le repas.

Après avoir remercié chaleureusement et embrassé chacun plus fort que d'habitude, je m'adresse enfin à Pat, mais ce dernier me tourne délibérément le dos et soulève le rideau pour regarder vers l'extérieur. Comme pour me dire : « Non, pas de bisou, je vais juste te regarder partir. »

C'est à contrecœur que je respecte ce qui semble être son choix et prends congé de tous, la mort dans l'âme. Mais à peine ai-je franchi le seuil de la porte de la caravane qu'un ouragan de tendresse s'affale sur mes épaules et que deux longs bras s'accrochent désespérément à mon cou tandis qu'une tête s'est enfouie dans le col de mon manteau en poussant des gémissements que je ne connaissais pas.

Je lance un regard au père Joubineaux, en espérant qu'il dira les mots que j'attends et m'autorisera à ramener Pat chez moi, juste pour ce soir… et je pourrais le ramener demain ? Mais c'est un couperet qui tombe, implacable et lucide.

— Ma très chère Alice, je sais ce que tu ressens, mais c'est impossible, tu le sais. Dans un an, il va retourner à l'état sauvage, et il devra intégrer la cage, avec les autres. Sache que ce sera très douloureux pour nous aussi. Mais viens nous voir à la campagne, il y a beaucoup d'espace pour eux là-bas, tu verras…

Non, monsieur Joubineaux. Désolée, mais je n'irai pas vous voir à la campagne car dans la nouvelle vie que je me suis tracée, il est question pour moi de quitter une cage dorée pour reprendre ma liberté. Je sais déjà que le chemin sera caillouteux, sinueux, difficile, et que la route risque d'être longue jusqu'à destination.

Alors non, vraiment, l'idée de savoir que mon Pat va faire le chemin inverse ne me plaît pas du tout... je vous souhaite bonne route et vous remercie pour tout ce que j'ai appris et reçu ici.

Comme s'il avait compris ce que les grands se disaient à mi-voix, Pat est subitement descendu de son perchoir-tendresse pour s'engouffrer dans sa maison-voyage, tandis que je décide de m'éloigner d'un pas rapide pour que l'on ne me voie pas pleurer et renifler bêtement.

En franchissant pour la dernière fois la grande grille de la cour du Cirque d'hiver, je ne peux pas résister à l'envie de me retourner. Il m'a semblé voir le rideau bouger dans la caravane. Le vent, certainement.

Quelle heure est-il ? Hou là... Lolo m'attend au bistrot d'en face et pour une fois, c'est moi qui suis en retard !

21

Sophia Loren

Vers la fin du printemps 1979, je suis conviée avec Serge Lama à participer à une émission spéciale de Paul Giannoli sur FR 3 qui sera consacrée à Sophia Loren. Admiration, respect et fascination pour la belle, la grande, la célèbre, la majestueuse !

Il ne m'en faut pas plus pour me laisser submerger par le trac en chantant *Du ventre plat au ventre rond* sous le regard, attendri certes, mais pire que le plus puissant des projecteurs, de la star internationale qui a tenu absolument à ce que j'interprète cette chanson dans son émission. Un titre qui lui rappelle chaque fois avec beaucoup d'émotion, dit-elle, ses deux maternités.

Serge et moi apprenons le même jour, à notre grande stupéfaction (et une certaine autosatisfaction) que l'actrice a pour habitude de recopier dans des cahiers d'écolier les textes des chansons qu'elle apprécie tout particulièrement. Parmi celles-ci, un grand nombre d'entre elles sont signées Lama-Dona, ce qui n'est pas sans nous rappeler notre trop brève rencontre avec Romy Schneider. Waouh ! Si je m'attendais à ça !

Il est très émouvant de constater que cette femme si belle, adulée dans le monde entier, à la carrière prestigieuse, n'a d'yeux aujourd'hui que pour notre chanteur national.

Quand je pense qu'elle a tourné les scènes les plus torrides dans les bras d'acteurs aussi séduisants que Cary Grant, Gary Cooper, Charlton Heston, Paul Newman… Ah ! Les yeux de Paul Newman ! Et la voilà cet après-midi portant un regard de midinette sur un petit chanteur français. Mais qu'est-ce qu'elle lui trouve à celui-là ? Serait-elle devenue folle ?

Je viens, encore une fois, de prendre conscience du pouvoir des chansons sur les gens, quels qu'ils soient, d'où qu'ils viennent, et du fait que nous exerçons vraiment un métier magique.

Force est de constater ce jour-là qu'il n'y a qu'à regarder Sophia Loren pour trouver qu'elle peut ressembler soudain à une petite fille – notamment quand Paul Giannoli lui donne la parole et qu'elle ne peut s'empêcher d'adresser compliment sur compliment à Lama qui, inhibé par ce retournement de situation, ne trouve plus rien à répondre.

Au sortir de l'émission, après avoir appris lors de l'interview que nous chanterons bientôt sur la même scène en tournée, l'actrice manifeste le désir d'assister à l'un de nos galas, que l'on n'appelle pas encore à l'époque des « concerts ».

Serge, bien que très flatté, tente de la décourager en lui précisant que les lieux dans lesquels nous nous produirons ne sont peut-être pas les plus confortables qui soient pour y accueillir une personne de classe mondiale comme elle. Salles omnisports, chapiteaux dressés sur des terrains parfois boueux… Mais cela ne semble en rien effrayer la belle qui réagit aussitôt.

— Ma !… Qu'est-ce qué vous crrroyez ?…Qué jé né souis pas capable dé mé mêler à la foule ? Ma vous savez, jé sais aussi mé fairre trrrès discrrète !

Comment refuser quoi que ce soit à un tel monument de charme ?

Il faudra attendre quelques mois pour que Serge, apparemment resté en contact avec elle, m'annonce qu'elle viendra nous voir dans une petite ville proche de Paris, où nous nous produirons dès la rentrée de septembre.

Ce soir-là, à Louvres, il fait un temps à ne pas mettre une star dehors ! C'est pourtant là que nous voyons débarquer la nôtre, vêtue d'un pull en cashmere beige à col montant, d'un pantalon assorti en alpaga, le tout recouvert d'un trench écru dont l'intérieur est finement doublé de vison marron foncé. Elle a cru bon, pour rester dans l'anonymat, de cacher son chignon sous un foulard Hermès et de dissimuler son regard derrière des lunettes fumées aux larges montures en écaille sur lesquelles le sigle doré CD est bien visible (Christian Dior).

— Alors ?… Alice, toi tou es oune femme, qu'est-ce quê tou en penses ? dit-elle en faisant un tour sur elle-même, persuadée qu'ainsi habillée on ne peut pas la reconnaître.

Serge et moi ne pouvons nous empêcher d'échanger un regard complice accompagné d'un grand sourire qui en dit long sur notre façon de voir différemment la chose…

Sophia a joué dans tant de films avec à chaque fois une apparence différente, il nous semble impossible qu'elle puisse passer inaperçue ce soir au milieu du public.

En attendant nos passages respectifs sous le chapiteau où cinq mille personnes piaffent déjà d'impatience, les pieds dans la gadoue, celle que j'appelle maintenant Sophia, puisqu'elle me tutoie et m'a appelée par mon prénom, s'est installée dans la grande caravane-loge avec nous.

J'ai enfin compris ce qu'est le rêve hollywoodien puisque je le vis en ce moment. Mais j'avoue que je ne l'imaginais pas ainsi. J'hésite entre la tentation de poser à celle que les Italiens appellent « La Loren » mille questions sur Paul Newman, mon acteur préféré du moment, sachant qu'elle a tourné avec lui, ou de me faire dédicacer d'abord les deux photos d'elle que j'ai achetées le jour même en librairie, une pour ma mère et l'autre pour moi... Mais le regard revolver de Serge me laisse à penser qu'il vaut mieux que je m'abstienne.

Oui, Serge, je sais ! J'ai parfois un côté midinette des HLM. Tu me l'as déjà dit. Alors, OK, je m'abstiens !

Mais à notre grande surprise, c'est Sophia qui nous assaille de questions et nous avoue être fascinée par notre profession. Elle veut savoir comment nous écrivons nos chansons. Est-ce que je compose d'abord la musique ? Est-ce Serge qui me donne un texte en premier ? Travaillons-nous ensemble ou séparément ? Est-ce que nous avons pris des cours de chant ? Avons-nous le trac avant d'entrer en scène ? Comment faisons-nous pour éviter d'être reconnus dans la rue ?

Jamais aucun journaliste ne nous avait demandé tout ça ! Et les miennes de questions, j'en fais quoi ? C'est le monde à l'envers !

Quelques minutes plus tard, c'est conduite par Simone, la fidèle assistante de Serge, que notre star va prendre place au centre du cinquième rang, dans la pénombre du chapiteau qui vient de s'éteindre, signal de l'ouverture du spectacle.

En apercevant ainsi Sophia au centre des spectateurs, je ne peux m'empêcher de sourire à l'idée qu'elle reste persuadée – vêtue « comme tout le monde » a-t-elle dit –, de passer totalement inaperçue.

Je regarde les visages autour d'elle. Certains, manifestement, paraissent avoir identifié la star dans la femme en foulard et lunettes fumées qui est assise près d'eux et dont la stature dépasse les plus grands de quelques centimètres (chignon oblige !). D'autres, moins sûrs, chuchotent dans l'oreille de leur voisin. Mais aucun ne semble croire une seconde qu'il s'agit de la vraie Sophia Loren. Celle-ci ne serait pas assez inconsciente pour venir s'aventurer seule sous un chapiteau, en plein courant d'air, au milieu de la foule, pour venir écouter Serge Lama ! Non, vraiment, c'est impensable.

— C'est certainement un sosie, mais la ressemblance est frappante !

C'est la réflexion que je viens d'entendre au détour des coulisses, juste avant d'entrer en scène, ce qui m'a mise dans une forme olympique. Même pas le trac ! Juste une furieuse envie d'épater notre star.

J'essaie d'imaginer les commentaires qui doivent fuser autour de Sophia version incognito, seule sur cinq mille personnes à porter foulard et lunettes noires alors qu'on est bien à l'abri et que le soleil est couché depuis longtemps ! Les entend-elle ? En l'observant de loin, je me demande comment il est possible de rester à ce point de marbre quand tout bourdonne autour de vous comme dans une ruche ? C'est sûrement ça la classe ! En tout cas, personne n'ose se manifester ouvertement auprès d'elle, ce que je trouve étonnant.

Nous aurons maintes fois l'occasion de constater ce même phénomène durant les mois qui vont suivre, car Sophia nous fera l'amitié de revenir nous écouter chanter de-ci, de-là, chaque fois que son emploi du temps le lui permettra.

Le 20 septembre 1979, il me semble donc presque naturel de la voir assise au premier rang, lors de ma générale à l'Olympia, entre Lama et Brassens, à quelques fauteuils de Dalida. Un premier rang que je suis loin d'oublier.

18 avril 1980

Je dois présenter ce soir-là mon numéro avec les chimpanzés lors de la prestigieuse soirée annuelle du Gala de l'union des artistes. Serge, invité par Jacques Brialy dans la loge VIP, m'a suggéré de passer le prendre chez lui afin que nous nous rendions ensemble au spectacle qui ne débutera pas avant 21 heures.

J'apprends du même coup que Sophia part dès le lendemain pour les États-Unis où elle doit tourner dans un long métrage retraçant sa vie et assurer en parallèle la promotion de son autobiographie. Serge a eu l'idée de l'inviter à prendre le thé. Une façon conviviale de lui dire au revoir avant une si longue absence.

Sophia a décidé de me faire la surprise de sa présence et de prolonger sa visite jusqu'à mon arrivée à l'appartement de Serge, vers 18 heures.

C'est ainsi que de bavardages en bavardages, nous nous retrouvons toutes deux dans la cuisine, à préparer un petit en-cas, des pâtes à la bolognaise, un plat cher à notre actrice. Un grand moment !

J'imagine la tête de mes parents quand je vais leur raconter que j'ai fait des spaghettis sauce tomate avec Sophia Loren ! Une bonne affirmation à ressortir un jour dans le jeu que l'on nous propose parfois du « vrai ou faux ». Eh bien, cette fois c'est vrai !

Et nous voilà, telles deux pimpantes cuisinières moyennes, trempant à tour de rôle notre index dans la sauce en nous consultant du regard pour vérifier qu'il ne manque aucune épice dans notre mixture maison, ce qui déclenche forcément quelques éclats de rires.

Après avoir vérifié par la porte entrebâillée de la cuisine que ni mon mari, ni Serge, trop occupés à refaire le monde dans le salon, ne font attention à nous, la Mamma me chuchote soudain à l'oreille :

— C'est à quelle heure lé gala dé l'ounione ?

J'adore cet accent qui me rappelle celui de mes lointains cousins, italiens eux aussi.

— Dans deux heures, deux heures et demie, environ...

Puis, sentant comme une arrière-pensée dans le ton de Sophia, je me permets de lancer une suggestion.

— Pourquoi tu ne viendrais pas avec nous ?

Je pense qu'elle n'attendait que ça, mais la raison chez elle semble vouloir prendre le pas sur le désir.

— Ma... jé crrois qué Serge il n'aimerait pas... Tou té rappelles ton Olympia... les photogrrraphes et tutti quanti...

Il m'apparaît évident qu'elle brûle d'envie de se joindre à nous, comme une dernière fête qu'elle s'autoriserait avant la rentrée des classes. Allez hop ! Je prends sur moi d'essayer immédiatement de convaincre mon Lama préféré.

Premier essai : il est contre, invoquant la notoriété, la bousculade à l'entrée, les retombées photos dans la presse à scandales...

Deuxième incursion : il hésite... Sophia ne peut pas se rendre au Gala de l'union habillée comme « ça » !

Troisième tentative : outrée par ce qu'elle vient d'entendre, c'est Sophia qui entreprend d'expliquer à Serge, à grand renfort de gestes qui en disent long sur ses origines, que « ça », c'est un jean et un pull en cashmere de chez Christian Dior, que les mocassins viennent de chez Jourdan, et que les cheveux ont été noués en catogan sur la nuque par Alexandre ! Ma !

Miracle à l'italienne ! Cette fois il est d'accord.

— Ce que femme veut !... lâche-t-il d'un air résolu.

Mais Sophia, à la fois légèrement blessée par la réflexion de Serge et heureuse que nous ayons réussi à le faire fléchir, ne l'entend pas de cette oreille et suggère que je l'accompagne illico en voiture jusque chez elle, à deux pas d'ici, pour lui permettre de se changer.

— Et tou verrrras… tou va être sourpris, Sergio ! Dans oune demi-heure on est dé rétourr. Allez Alitchè (c'est mon prénom à l'italienne)… Andiaaaamo !

Andiamo… Andiamo… C'est gentil tout ça mais on ne me demande pas comment va mon trac ? Et je vais me concentrer où et quand avec cette pagaille ? C'est bien beau vos histoires de chiffons mais j'ai un chimpanzé et deux guenons qui m'attendent, moi !

On me laisse juste le temps de téléphoner à Jacques Fabbri qui doit déjà s'arracher les cheveux pour placer au mieux ses célébrités dans la salle, et je ris à l'idée que je vais même lui en rajouter une nouvelle. Mais il est ravi à l'idée que Serge vienne avec Sophia à son bras. Tu parles, Charles ! On le serait à moins…

Et hop, nous voilà parties, la Loren et la Dona, dans le Range Rover ivoire, direction l'avenue George V, telles des gamines excitées de vivre une dernière aventure ensemble, riant et s'esclaffant comme deux foldingues.

Sophia me demande d'attendre en double file avec les warnings et je la regarde qui virevolte entre les voitures en courant vers l'entrée de son immeuble dans son imper écru qui vole autour d'elle comme dans un dessin de Folon.

Vingt minutes plus tard, c'est une autre femme qui apparaît. Plus posée, celle-là, plus haut perchée aussi sur ses escarpins de satin pastel. Éblouissante, magnifique, comme éclairée par le plus doux des projecteurs, on dirait qu'elle plane sur le trottoir dans sa somptueuse et vaporeuse robe longue de mousseline rose pâle, enveloppée dans un interminable boa de la même couleur, impeccablement maquillée et savamment décoiffée d'un chignon dont les boucles dégoulinent le long de son visage. Je suis sidérée par celle qui entre dans ma voiture. Mais où est donc passé l'autre ?

Je viens de me rendre compte que tout ce que j'ai vécu depuis un an dans son sillage m'aurait presque fait oublier celle que j'ai ce soir en face de moi.

— Alorrrs tou a vou ? J'ai fait presto, no ?

— Vous êtes magnifique !

Pourquoi ce soudain vouvoiement vient-il de m'échapper alors que vingt minutes auparavant je la tutoyais encore ? Je ne l'ai jamais su. C'est venu du cœur en même temps que quelque chose semblait s'effacer doucement au fond de moi.

Cette hallucinante transformation de Sophia vient peut-être de remettre tout simplement les pendules à l'heure. Comme dans Cendrillon, mais à l'envers.

Exit la Sofia Villani Scicolone de la cuisine qui trempait son doigt dans la sauce tomate il y a une heure à peine ! Bonsoir, je vous présente Sophia Loren-la-star-mondiale qui vient de monter à l'avant de la voiture dont je ne suis que l'humble chauffeur-e d'un soir.

Sentant le mal-être qui m'a envahie, Sophia fait l'impossible pour me décontracter en plaisantant comme une adolescente ravie d'avoir fait une bonne farce à sa copine de classe. Mais rien n'y fait. C'est dans le silence que nous reprenons les hommes au passage. Direction le Cirque d'hiver.

Serge et Sophia vont faire une entrée époustouflante en déambulant paisiblement sur le tapis rouge du cirque d'hiver. Les photographes ne seront pas en reste tout au long de la soirée, et la presse à scandale trouvera largement son compte dans les photos qui sortiront des objectifs plus souvent tournés vers la loge d'honneur que vers la piste où se déroule le numéro d'une femme avec des chimpanzés.

Heureusement, parce que ce soir-là, dans les coulisses, je me suis encore fait mordre par « la grosse Lulu », ce qui ne va pas manquer de perturber l'exécution du numéro que je prépare chaque jour depuis trois mois.

Voilà ce que c'est… qu'être star.

Ce n'est pas moi qui le dis. C'est Lama qui le chante. Une des chansons préférées de Sophia.

Ciao bellissima donna ! E grazie per il bello ricordo !

Parenthèse 9

Après m'être octroyé une année sabbatique pour cause de changement de vie et de grand amour à vivre pleinement, je reprends du service petit à petit en 1981, mais de l'autre côté de la barrière.

D'abord à la radio en co-animant sur France Inter « La Clé des chants » avec Jacques Pradel. Une expérience inédite et passionnante qui va me permettre de faire découvrir aux auditeurs nombre de nouveaux jeunes talents. Je réitérerai la même l'année suivante. Une idée qui fera son chemin durant sept ans jusqu'à l'ouverture de ma propre école de chant.

Un bonheur n'arrivant jamais seul, je suis élue présidente de la commission des Variétés à la SACEM. C'est la première fois qu'une femme occupe cette fonction et j'avoue être très fière que ce soit tombé sur moi !

En 1983, je remonte sur les scènes de province, avant de m'offrir mon second Olympia en vedette.

L'année 1985 me comblera de joies en tous genres : déjà cinq ans d'amour avec mon compagnon ; mon ex a enfin consenti à ce que mon fils revienne vivre avec moi et ma fille a rencontré l'homme de sa vie. La nôtre est redevenue simple et tranquille, comme le chante Lama sur une jolie musique de Richard Cocciante.

Une autre cerise sur mon gâteau : l'espace d'un été et pour huit émissions, je deviens co-présentatrice à la télévision sur TF1 aux côtés d'Yves Lecoq d'un show hebdomadaire de Maritie et Gilbert Carpentier – « Chapeau » – dans lequel nous recevons les copains Carlos, Marie-Paule Belle, Sheila et Serge Lama… entre autres…

C'est aussi le temps des récompenses officielles : me voilà promue chevalier des Arts et des Lettres et je reçois le prix Odette Vargues de la SACEM, un prix qui n'est décerné qu'à une femme tous les cinq ans.

Que demander de plus ?

22

Ginette Reno

1982

De temps à autre, j'ai la chance d'être invitée à participer à des émissions de télévision qui se déroulent en province ou à l'étranger. L'avantage de ces déplacements, hormis le fait de découvrir de nouvelles régions, c'est qu'ils durent souvent deux jours ou plus et nous permettent de faire mieux connaissance entre collègues.

Cette fois, c'est à Annecy que ça se passe et l'émission aura pour thème la chanson francophone, avec des artistes de tous horizons venus de France, bien entendu, mais aussi de Belgique, de Suisse, des Dom-Tom et du Canada.

Pour ce qui va suivre, il est important de noter que, depuis longtemps, j'ai pris la sale manie, lorsque j'évoque une anecdote survenue avec une inconnue croisée dans la rue ou ailleurs, à parler de celle-ci en la surnommant d'office Ginette. Inutile de me demander pourquoi ce prénom-là plutôt que Josette ou Yvette. Sans doute la consonance parigote à la Arletty, le côté rétro-populo-rigolo… Que sais-je ? Voilà qui est dit et revenons dans la jolie ville d'Annecy.

C'est sur la scène du grand théâtre où l'émission se déroulera demain soir, en direct et en public, que les artistes se succèdent depuis ce matin pour répéter : la Parisienne

Nicole Croisille, le Bruxellois Jean Vallée, la Canadienne Fabienne Thibeault, le Martiniquais David Martial... C'est maintenant à mon tour de m'y coller.

J'ai choisi d'interpréter au piano un titre spécifiquement écrit par Claude Lemesle pour Lama, à la demande expresse de ce dernier, intrigué de savoir ce qu'un auteur autre que lui pourrait lui concocter. Mais au bout du compte, bien qu'il ait trouvé la chanson magnifique, Serge n'a pas osé tenter l'aventure, estimant que le sujet et la façon dont il était traité risquaient de bousculer l'image que le public avait de lui.

Et pourtant, quand on le connaît bien, c'était vraiment du sur-mesure :

J'ai l'air comme ça, costaud et tout
Genre qui pleure pas, genre qui s'en fout
Le masque dans le marbre
J'ai l'air comme ça, d'un ouragan
D'un Attila mais j'tiens tell'ment
Plus du roseau que d'l'arbre
Je suis vulnérable
Une statue de sable au vent...

Tant pis pour lui et tant mieux pour moi ! J'aime tellement cette chanson que j'ai décidé de l'enregistrer sur mon prochain album, et de la mettre en avant chaque fois que je le pourrai.

À peine ai-je terminé de la chanter qu'une inconnue, que je surnommerai donc Ginette, déboule du fond de la salle, monte en haletant les trois marches qui mènent à la scène et se rue sur moi en me tendant la main avec un grand sourire : taille moyenne, un joli visage poupin encadré de cheveux de jais coupés courts, un regard noir bien « franc du collier » et disons... d'assez forte constitution. Elle se présente d'une voix sonore avec un accent très marqué. Berrichon ou Québécois ?

— Bien l'bonjour, M'ame Dôna ! J'suis telmin continte d'vous rrincontrrer, lâ ! Je suis Ginette Reno.

Québécois, donc !

Difficile de réfréner le fou rire qui me gagne. Entre les rondeurs apparemment bien assumées, l'enthousiasme contagieux de la dame, son accent et surtout son prénom, j'ai bien du mal à garder mon sérieux.

J'ai enfin une vraie « Ginette » en face de moi, et de surcroît en chair beaucoup plus qu'en os. Je ne peux pas résister au fait de lui redemander :

— C'est vrai ? Vous vous appelez vraiment Ginette ?

— Ah ça oui ! répond-elle avant d'ajouter, hilare : Et j'm'appelle vrraimin Reno !

Celle qui a décidé d'être ma nouvelle amie en a profité pour m'écrabouiller dans ses bras et me gratifier de deux grosses bises sonores et enthousiastes.

La glace étant ainsi rompue et les présentations faites, Ginette, redevenue sérieuse a pointé son doigt sur moi comme une menace en me disant :

— Mais Alice Dôna, c'te chanson, lâ... J'ai l'air comm'çâ... ç'pas pour vous... ç'pour moi, çâ !

C'est gentil de sa part de vouloir d'emblée me piquer ma chanson mais j'en déduis donc que Dame Ginette est chanteuse. Mais pas le temps d'en savoir plus car celle-ci vient d'être appelée pour aller répéter à son tour.

Curieuse de savoir comment chante cette Ginette-là, je descends m'installer dans la salle près de l'assistant de production qui, depuis le début des répétitions, n'a pas bougé de son siège et j'en profite pour lui demander discrètement de combler mes lacunes en matière de chanteuses canadiennes.

Or, j'apprends, à ma plus grande stupéfaction, que celle que je lui définis comme étant « la grosse dame sur scène » est aussi la plus grande star du Québec. L'équivalent au Canada de notre Édith Piaf nationale. À la différence que leur Piaf à eux est bien vivante et dans une forme époustouflante !

Jamais entendu parler avant, la honte vient de s'abattre sur moi. Il faudrait peut-être ouvrir un peu tes yeux au-delà de nos frontières, ma petite Dona !

Ma culture de la Belle Province se résume alors à quelques noms venus de là-bas et entendus vaguement chez nous : Félix Leclerc, Jean-Pierre Ferland, Charlebois, Fabienne Thibeault et Diane Dufresne, entendues dans « Starmania », la jeune Céline Dion aussi qui avait gagné l'Eurovision avec son sourire de vampire... Mais franchement... Ginette Reno... Comment peut-on réussir avec un nom pareil ?

Pourtant je ne suis qu'au début de mes surprises.

C'est comme un retour brutal de boomerang qui m'arrive en plein cœur lorsque Ginette commence à chanter. Oublié le prénom, le nom aussi, les formes arrondies qui prêtent au jugement hâtif, l'accent aussi insupportable que le rire de Lama...

Cette femme-là est un monument de talent : la plus grande chanteuse qu'il m'ait été donné d'entendre en *live*, vu que je n'ai jamais saisi l'opportunité d'aller applaudir Piaf ou Barbra Streisand sur scène. L'émotion à l'état pur et une voix incomparable.

Comme s'il était besoin d'enfoncer plus loin le clou, et apparemment satisfaite de m'avoir vu y aller de ma larme durant son interprétation magistrale de la chanson de Brel, *La Quête*, Ginette m'informe qu'elle a déjà enregistré un de mes propres titres : *Que j'aime les hommes* et vendu plus de « 500 000 copies » au Québec. Un record quand on sait que là-bas on peut considérer qu'on a « fait un carton » avec

100 000 disques vendus. Alors, pensez-donc… 500 000 ! Dire que mon éditeur n'est certainement pas au courant !

Décidément, Dame Ginette me sidère. Un modèle de simplicité et de modestie. Un ouragan de tendresse aussi.

Comme pour rattraper le temps perdu à ne jamais nous être rencontrées auparavant, nous allons passer ces deux jours ensemble à plein temps, « magasinant » dans les rues d'Annecy, dînant en tête à tête à l'hôtel et repoussant jusqu'à plus d'heure le moment d'aller se coucher, partageant la même loge et notre trac avant de monter sur scène…

48 heures d'alternance entre moult fous rires et autant de larmes au bout desquelles nous n'ignorons plus rien l'une de l'autre, de nos jolis souvenirs professionnels jusqu'à nos pires déboires conjugaux. Pour moi qui suis plutôt avare de confidences sur tout ce qui concerne ma vie privée, cette rencontre s'avère comme une révélation.

Avec ce même sentiment pour l'une et l'autre, de s'être déjà croisées auparavant. Dans une autre vie, peut-être ?

Étrange sensation. La même que lorsque j'ai croisé Théo Sarapo, Annie Girardot, Romy Schneider, Lama ou Lolo pour la première fois… Des moments d'une telle intensité qu'ils restent gravés au fond de moi.

Quelque temps plus tard, c'est avec « mon Lolo » qu'elle souhaite rencontrer, que je suis invitée à Montréal pour participer au Ginette Reno Show, une émission semestrielle, dans laquelle vont se croiser des artistes aux talents multiples ; acrobate, musicien classique, comédien, magicien ou chanteur. Entre-temps, elle aura encore vendu quelques milliers de « copies » avec son dernier « long jeu » (album) sur lequel j'ai cinq chansons en bonne place, dont le titre phare, *De plus en plus fragile*, est déjà un hit au Québec.

Avec la générosité qu'on lui connaît, Ginette nous a même accueillis dans sa maison de Boucherville, de l'autre côté du pont qui traverse le Saint-Laurent et présentés à sa petite famille. Sa petite pagaille, devrais-je plutôt dire, car, entre l'ex-mari, le nouveau, ou le prochain amant peut-être, les enfants de l'un, de l'autre... La vie conjugale de Ginette semble assez mouvementée et nous avons du mal à nous y retrouver. Le moins qu'on puisse dire c'est qu'on ne s'ennuie jamais avec elle car, au milieu de ses embrouilles, la musique reste omniprésente.

Vrai que Ginette chante, encore et toujours, ici, là, et n'importe où de préférence. Elle fredonne sans arrêt, du matin au soir, dans le salon, le jardin, la salle de bains, les toilettes, en voiture, dans la rue, partout ! Et quand je dis qu'elle fredonne...

Même au restaurant, si on a la malheureuse idée d'évoquer tel ou tel titre dans la conversation, alors qu'on avait choisi une table dans un coin tranquille pour ne pas être dérangés, Ginette ne peut s'empêcher de pousser sa note et c'est sous l'œil et l'oreille des clients ébahis qu'elle est capable de se lâcher sans aucune retenue.

Un soir, je l'ai même vue se lever de sa chaise en chantant et s'adresser aux autres tables, interprétant son morceau comme si elle était sur scène.

Comme on ne manquerait pas de visiter la tour Eiffel à Paris, il faut absolument avoir fait deux pas, ne serait-ce qu'une fois dans sa vie, aux côtés de Ginette Reno et « magasiné » avec elle dans la rue Sainte-Catherine à Montréal. C'est un monument à elle seule.

Comme si vous arpentiez tranquillement le boulevard Haussmann avec Johnny Hallyday pendant la période de Noël, ce qui paraît impensable.

Eh bien, avec Ginette, tout est possible ! Jamais ignorée, mais jamais agressée non plus, tout le monde dit bonjour à tout le monde, le plus naturellement qui soit. Ginette salue les passants et les passants saluent Ginette.

— On peut vous donner un bec, Ginette ? (la bise en québécois) demande une femme.

— OK, mais kiss ton chum pour moi ! (embrasse ton homme) répond Ginette.

D'Annecy à Paris, où elle s'installe parfois, mais trop rarement à mon gré, puis de Paris à Québec, de Montréal aux Antilles, que de moments aussi simples que grandioses partagés avec cette interprète hors du commun qu'on ne peut qu'aimer à la folie en lui souhaitant tout le bonheur du monde.

À ta santé, ma Ginette et prends bien soin de toi !

J'ai omis de préciser que, plus jamais, à dater de ma rencontre avec la seule, la vraie, je n'ai surnommé aucune femme Ginette !

23

Barbara

Avril 1985

J'aime beaucoup Marie-Claire Noah mais son idée de vouloir me faire composer une musique au profit de l'association Care France qu'elle a créée avec son fils Yannick (qui deviendra par la suite Les Enfants de la Terre) me semble assez utopique et démesurée. Son projet consiste à écrire une chanson dédiée aux femmes africaines, mais celle-ci doit être impérativement enregistrée par des interprètes féminines.

Bien sûr ! Fastoche ! Surtout après le succès mondial de *We Are the World* et celui de notre ersatz à la française, *Éthiopie* qui cartonne déjà en radio... Pas simple d'arriver avec deux trains de retard et une troisième chanson de groupe dédiée à une énième cause humanitaire ! Mais « à cœur vaillant rien d'impossible » a dit Jacques Cœur ! Et je n'ai pas celui de refuser quoi que ce soit à notre chère Marie-Claire.

Dans un premier temps, il s'agit de faire parler mon piano pour qu'il m'envoie une musique facile à mémoriser avec de belles envolées lyriques qui permettront aux voix les plus puissantes du groupe de s'extérioriser.

En deux jours, je pense avoir trouvé la mélodie idéale. Reste à trouver quelqu'un pour mettre des mots sur ses notes. Allô, SOS auteur Claude Lemesle ! D'abord il faut qu'il me dise « oui » et ensuite je lui expliquerai le pourquoi de mon appel.

Claude m'a toujours fait confiance et c'est sans poser de questions qu'il accepte d'emblée de mettre ses mots sur ma musique pour laquelle il craque tout de suite, ce qui va donner, après une journée de travail en plein cœur de ce Montmartre qui nous est désormais commun (Claude a trouvé une maison juste en face de chez moi), *La Chanson de la vie*.

Vite, bricoler une maquette maison et partir en quête de toutes les camarades chanteuses disponibles d'ici et d'ailleurs, et même de celles que je n'ai encore jamais rencontrées. Allez, courage, Alice !

C'est la première fois que je me lance dans une telle entreprise, artistique, certes, mais qui ressemble au départ à un parcours du combattant, d'autant qu'à cette période de l'année la plupart de mes collègues femmes sont déjà certainement parties en vacances ou en tournée d'été. Je sens que l'on m'a offert un cadeau empoisonné.

Trouver un studio d'enregistrement, un ingénieur du son, des techniciens, cinq ou six musiciens ; une maison de production qui acceptera de fabriquer, de distribuer et de promouvoir le disque ; mobiliser une équipe télé pour tourner le clip ; nourrir « les filles » et le staff au grand complet pendant toute la durée de la réalisation en studio ; autant de personnes que je devrai convaincre de travailler bénévolement, sans compter les droits d'auteur auxquels Claude et moi devrons renoncer officiellement après signature chez un notaire afin que l'opération se déroule dans la plus parfaite transparence… Je suis folle de m'être lancée dans cette aventure.

Passons maintenant à la liste des chanteuses ! Parmi celles qui me viennent tout naturellement à l'esprit, il y a d'abord

« les bonnes copines » sur lesquelles je suis sûre de pouvoir compter si elles sont libres : Nicoletta, Nicole Croisille, Marie-Paule Belle, Catherine Lara… Puis celles pour lesquelles j'ai composé. Essayons toujours : Mireille Mathieu, Régine, Rika Zaraï, Dalida, Sylvie Vartan… Il faut des « petites nouvelles » aussi… Nathalie Lhermitte, Bibie… N'oublions pas les « copines de régiment » des sixties : Stone, Sheila, Isabelle Aubret, Françoise Hardy, Nana Mouskouri, Chantal Goya… mais accepteront-elles ?

Des étrangères, ce serait bien aussi. Voir du côté du Canada, de l'Italie, de l'Angleterre, du Portugal ou du Brésil… Bah voyons, on peut toujours rêver !

J'ai à présent une soixantaine de noms sur ma liste, ce qui me paraît correct pour lancer les invitations vu que, dans le meilleur des cas, je n'ose espérer plus de quinze réponses positives… Je croise les doigts avant de partir à l'assaut de mes chères forteresses chantantes.

C'est alors qu'un nom vient de s'imposer à moi comme une évidence, bien que je ne l'aie jamais rencontrée : Barbara. Mais comment ai-je pu l'oublier sur ma liste ?

Puis je me dis que la grande, la seule, l'unique, l'intouchable, la secrète et mystérieuse icône ne peut que se soustraire à ce genre de proposition vu qu'elle refuse, depuis des années, toute interview, séance photos ou d'apparaître dans quelque émission que ce soit. Alors un clip, une photo de groupe… pensez-donc ! Malgré ces obstacles qui semblent infranchissables, je décide d'ajouter Barbara sur ma liste. Sait-on jamais ?

Un vendredi matin du début de juillet, après avoir galéré un bon mois afin de me procurer les adresses personnelles de ces dames, je poste ma soixantaine de lettres, comme j'aurais jeté soixante bouteilles à la mer, en espérant que quelques-unes répondront à mon « SOS femmes d'Afrique en péril ».

Le lendemain. Samedi, 7 h 30.

— Allô, Alice Dona ? Bonjour, c'est Barbara. Je viens de lire ton courrier (je ne la connais pas, je ne l'ai jamais rencontrée, et elle me tutoie… mince alors !). Je n'ai pas trop compris de quoi il s'agit dans le détail mais tu m'expliqueras. Je suis d'accord pour tout, je trouve l'idée formidable et ton jour sera le mien. Ah ! Juste une chose, serait-il possible que j'apparaisse le moins possible sur la vidéo ? Parce que tu sais, je fais peur aux enfants !

Pour quelqu'un qui ne s'exprime que rarement sur les antennes, Barbara semble intarissable sur le sujet !

— Et puis il faudrait absolument penser aussi au Chili. Il se passe des choses épouvantables là-bas. On prostitue les enfants. C'est monstrueux ! Bref ! On ne se connaît pas mais je t'embrasse très fort quand même et je suis ravie de participer à cette aventure avec toi. Cela nous fera une belle occasion de nous rencontrer enfin… Vraiment… je suis ra-vie ! Pour la chanson je te fais entièrement confiance, je connais ton talent de compositeur et celui de Lemesle. Envoie-moi la maquette dès qu'elle sera terminée, que j'aie une petite idée avant, quand même ! Tendres baisers à toi et à très vite, j'ai hâte !…

Eh bien moi aussi, j'ai hâte, si tu savais, madame !

Tout semble soudain si simple, après Barbara que je ne connais toujours pas ! Un vrai cadeau du ciel que ce réveille-matin téléphonique inattendu ! Ma toute première réponse, et positive, de surcroît. La plus belle aussi parce qu'inespérée.

Je sais maintenant quoi dire aux « copines » qui, en admettant qu'elles acceptent de participer au projet, ne manqueront pas de me demander :

— Mais y aura qui d'autre ?

Et que je me ferai une joie de leur répondre :

— Barbara… Pourquoi ? Y a un problème ?

Alors sûr qu'après ça elles diront oui…

11 octobre 1985

Deux heures que j'essaie de m'endormir et que je n'y parviens pas. Le texte de *La Chanson de la vie* défile dans ma tête avec les visages de celles qui vont interpréter les phrases que je leur ai attribuées. Ai-je bien choisi ? Certaines ont une ligne à chanter alors que d'autres en ont deux ou trois ? Comment vont-elles prendre cette initiative un peu arbitraire ? La journée de demain risque de ressembler à ma nuit : une course d'obstacles.

C'est vers une heure du matin que le téléphone sonne. Peur de décrocher car à cette heure-là il ne peut être question que d'une mauvaise nouvelle. Encore une défection, sans doute. La huitième depuis une semaine. De trente-cinq, nous sommes passées à vingt-sept. Peut-être même vingt-six… Alors tant pis, je préfère savoir :

— Allô Alice ? C'est Barbara.

Mais cette femme ne dort donc jamais ? Et si c'est pour m'annoncer que finalement elle ne peut pas venir, ce n'est pas la peine ! Ce serait même catastrophique et j'aurais droit à l'effet dominos avec les autres… Quelque chose du genre : « Si Barbara ne chante pas, je ne chante pas ». Quelle angoisse !

— J'avais envie de te demander quelque chose… D'abord ne te fais pas de souci, je serai bien là demain pour l'enregistrement des voix (aurait-elle un sixième sens ?). Je trouve la chanson magnifique et j'ai hâte de la chanter (mais… mais… j'attends le mais ?), mais je voulais juste savoir si cela ne t'ennuie pas, si je peux venir dès le matin, en même temps que les musiciens. J'aimerais beaucoup être avec toi pour écouter les arrangements et me familiariser avec la chanson, je me sentirai plus à l'aise après avec les filles. Je suis par habitude une grande solitaire, tu sais !

Ouf ! Merci mon Dieu ou je ne sais qui d'autre ! Cette fois je suis parfaitement réveillée. Mais bien sûr qu'elle peut venir le matin, mais comme personne d'autre qu'elle ne me l'a demandé, je n'ai pas songé à proposer à qui que ce soit d'assister à la séance des musiciens. Et je comprends son envie. Et je l'en remercie. Dans notre jargon on appelle ça du professionnalisme !

En outre, je sais par l'entremise de Roland Romanelli, son plus fidèle accompagnateur et le mien parfois, que Barbara arrive toujours vers 10 heures du matin dans les salles où elle se produit. Elle aime regarder « ses hommes » s'affairer sur le plateau et dans les cintres, car pour elle c'est à partir de ce moment que le spectacle commence, et pas seulement quand la salle s'éteint et que d'autres lumières s'allument sur la scène. Cela la rassure, paraît-il.

Alors, rassurons Barbara :

— Aucun problème, bien entendu ! Les musiciens sont prévus pour 9 heures.

— OK. Fantastique ! Je serai là à 8 heures 30.

Eh bien, moi aussi, donc. Bien obligée !

12 octobre 1985 – 8 h 30

Le hall du studio Artistic Palace est désert et c'est au son de ma petite maquette maison que je comprends que « c'est par là que ça se passe »... Direction le grand studio A.

Dans la cabine, Barbara est déjà confortablement étalée dans le grand canapé, une bouteille Thermos dans une main et une timbale dans l'autre.

Avec l'étrange sensation que nous nous connaissons depuis longtemps alors qu'il n'en est rien (peut-être nos longues conversations téléphoniques et nos multiples échanges de fax), je réalise néanmoins que nous sommes face à face pour la première fois.

Heureuse, excitée, impressionnée, fatiguée, impatiente, fébrile… un cocktail de sentiments m'anime dès l'instant où elle se lève et tend chaleureusement vers moi ses longs bras qui viennent s'enrouler autour de mes épaules pour m'embrasser.

Vrai qu'elle semble immense et imposante quand elle se déploie ainsi et que je me sens minuscule à tous niveaux, mais quel bonheur de l'avoir enfin devant moi, rien que pour moi, en attendant que le reste de la flottille débarque.

— Un peu d'infusion ? me demande-t-elle en guise d'introduction, avant de poursuivre : c'est du thym au miel. Très bon pour la voix. On en aura besoin !

Une demi-heure de papotage entre filles dans un climat d'allégresse indescriptible. Sûrement l'effet du thym au miel ! Puis tout va s'enchaîner très vite. Les musiciens sont arrivés et se mettent en place, non sans avoir salué respectueusement Barbara, puis chacun accorde son instrument et commence à déchiffrer les partitions de Bruno Charvin, l'arrangeur. Vérifier que le tempo sera le bon, que chaque phrase va bien coller à son interprète, et croiser les doigts pour que toutes soient à l'heure au rendez-vous de 13 h 30.

En écoutant les arrangements, Barbara fredonne en fermant les yeux, debout derrière l'ingénieur du son, ses longues mains de pianiste posées sur les épaules de celui-ci, apparemment ravie de ce qu'elle entend, ce qui ne manque pas d'entraîner une suggestion de sa part :

— Et si on annulait la séance des choristes professionnels de demain matin ? On a 28 voix à notre disposition pour faire ça nous-mêmes, non ? D'accord, ça nous prendra un peu plus de temps, mais qui s'en plaindra ?

Quelle belle et bonne idée ! Les filles ne pourront pas refuser puisque c'est le grand chef Aigle noir qui y a pensé !

Moi, je suis d'accord, à condition que ce soit elle qui leur en fasse l'annonce… Barbara est OK. Tout va bien.

12 heures. C'est le moment du déjeuner « barbaresque » au bistrot du coin en compagnie des musiciens et des techniciens. Un déjeuner ponctué d'anecdotes et de récits de la dame en noir, tous plus enrichissants les uns que les autres, sous le regard éberlué des autres clients. Puis nous réintégrons le studio à 13 h 30 pétantes.

Manifestement, « nos filles » sont là. La cabine de son ressemble à un bocal géant rempli de poissons rouges qui frétillent de partout. C'est Barbara la sirène qui prend la première initiative.

— Allez les filles, on y va ! On va faire d'abord les chœurs, n'est-ce pas, mon Alice ! On passe en studio et tu vas faire l'appel… Dona, présente !… Barbara, présente !…

C'est dans l'euphorie la plus totale que les filles enchaînent. Marie-Paule Belle : présente. Catherine Lara : présente. Nicole Croisille : présente. Nicoletta : présente. Les bonnes copines sont fidèles au poste.

Puis vont suivre Sheila, Dorothée, Isabelle Aubret, Michèle Torr, Jeane Manson, Bibie, Jane Birkin, Linda de Suza, Rika Zaraï, Stone, Nathalie Lhermitte, Isabelle Mayereau, Claire d'Asta, Julie Pietri, Dorothée, Marie Myriam… toutes présentes.

Que du bonheur ! Sans compter celles qui sont venues parfois de très loin pour nous rejoindre : Maria d'Apparecida, du Brésil ; Milva, d'Italie, Vivian Reed des USA et Ginette Reno du Québec.

C'est les larmes aux yeux que je leur souhaite à toutes la bienvenue en les remerciant du fond du cœur d'avoir répondu à mon appel. C'est pour vivre des moments comme celui que je vis là que je serais prête, parfois, à tout recommencer.

Oh, bien sûr, j'aurai droit à une défection de dernière minute. Une soudaine angine avec 40 de fièvre. Enfin... c'est ce qu'on a bien voulu me faire croire.

48 heures plus tard, tout à fait fortuitement, j'apprendrai que notre « malade fiévreuse » honorait de sa présence, le soir même de notre enregistrement, une manifestation show-biz et semblait en pleine forme... Pas très futée en plus, la copine, et pas de bol, non plus, collègue, puisque ceux que tu pensais être tes bons amis ont cafté ! Le côté obscur de la force a frappé, encore une fois.

Il y aura toutes celles aussi, mobilisées en province par leurs obligations privées ou professionnelles de week-end, et qui se seront excusées. Mais je ne retiendrai de cet enregistrement unique que la bonne humeur, les éclats de rires, et même les larmes que nous avons versées à certains moments pour cause d'intense émotion. Deux jours inoubliables en vase clos dans notre studio A en folie.

À tel point que les artistes présents dans le studio B n'ont pu s'empêcher de venir écouter ce qui se passe chez « les voisines » du studio A. À savoir le compositeur de Renaud, Franck Langolf, qui enregistre en même temps que nous son premier album. Franck est venu avec son pote et producteur, Didier Pain, lui-même accompagné d'une magnifique et adorable gamine de 12 ans à la moue boudeuse, avec de longs cheveux blonds comme les blés, et mille étoiles dans les yeux quand elle nous regardait chanter.

— Alice, je te présente ma nièce qui a hâte de grandir pour devenir chanteuse, comme vous toutes !

Quatre ans plus tard, je vais reconnaître immédiatement ce même visage à la télévision après que le présentateur vient d'annoncer une nouvelle venue dans le monde de la chanson : Vanessa Paradis.

Drôle d'endroit pour de drôles de rencontres... La même année, le hasard fera que Franck Langolf adoptera Pacha, mon labrador blanc qui supporte mal Paris depuis que j'ai quitté ma campagne et celui-ci va devenir le nouveau compagnon de jeux des week-ends de « la petite Vanessa ».

À propos de chiens, il y en a aussi dans le studio A ce jour-là. Les deux Muppets de Nicole Croisille, et le mien. Il y a des enfants aussi : le fils de Nicoletta, la fille de Jane Birkin, celle de Jeane Manson. Sans compter quelques maris... Un enregistrement comme on en voit peu !

Une mention spéciale à Marie-Paule Belle et Barbara que nous avons surnommées les « sœurs Duracell » parce que infatigables durant la prise de son des chœurs. Elles n'ont rien trouvé de mieux lors des pauses entre les séances, que de nous faire l'honneur de la découverte de leurs nouvelles chansons autour du piano. Un vrai régal en bonus !

Encore et toujours des rencontres...

Au début de l'année 1986, le disque est commercialisé sous la forme d'un maxi 45 tours dont la magnifique pochette bleue est réalisée par mon beau-père, un artiste dans son genre lui aussi.

Pour assurer sa promotion, les participantes sont invitées sur les plateaux télé, mais comme je m'y attendais, Barbara ne veut pas apparaître en direct à l'antenne et nous devons nous contenter parfois de la diffusion du clip, excepté à deux reprises, quand la jeune débutante Mylène Farmer ou la comédienne Marie-Christine Barrault accepteront de jouer les remplaçantes d'un jour pour chanter avec nous en direct dans l'émission de Michel Drucker ou de Jacques Martin.

Comme pour ajouter au nombre de ces belles rencontres, *La Chanson de la vie* est programmée un soir dans l'émission de Patrick Sabatier. Or, pour des raisons indépendantes de sa volonté, une grève surprise des chauffeurs de taxis, ce dernier est encore absent alors que nous devons ouvrir l'émission en direct et c'est l'invité principal, Daniel Balavoine, qui prend l'heureuse initiative de nous présenter tandis que Patrick surgit enfin dans la coulisse, tout essoufflé.

Quelques jours plus tard Daniel va rejoindre le Paris-Dakar dont il ne reviendra pas.

Toujours au cours de la promotion, je suis invitée avec Marie-Claire Noah pour présenter le clip de notre *Chanson de la vie* dans le journal de 13 heures que présente Yves Mourousi sur TF1.

Ce jour-là, un autre invité est convié sur le plateau : Coluche. Ce dernier vient annoncer la création des Restos du Cœur et parler de la chanson du même nom, que Jean-Jacques Goldman a composée tout spécialement et pour laquelle de nombreux artistes se sont mobilisés. Et une de plus, me dis-je.

Mais à mille lieues de l'idée d'une concurrence déloyale, et à mon grand étonnement, Coluche prend soudain l'initiative d'inverser les rôles en direct, et les disques de chaque association. C'est ainsi qu'il va présenter notre disque à la caméra avec moult compliments et appel aux dons et qu'en juste retour des choses je ferai de même avec le disque de la chanson des Restos.

Encore deux belles rencontres avec Barbara pour toile de fond…

*

J'aurai à nouveau la chance de croiser Barbara à plusieurs reprises à Mogador où elle se produira, mais aussi de la recevoir toute une journée dans mes Ateliers de formation, où son passage laissera un souvenir indélébile dans le cœur de tous les élèves présents[1]. Plus tard, ce sera le Châtelet, où j'aurai l'honneur d'être invitée par elle, avec mon compagnon et mes quatre-vingt-dix élèves, le soir de sa générale

1. Une expérience largement commentée dans *Chanteuses ou coiffeuses*, *op. cit.*

Épilogue

Bien entendu, avant et après Barbara, il y a eu bien d'autres jolies rencontres, d'autres « cerises sur mon gâteau ». D'ailleurs, j'avoue avoir été bien embarrassée de devoir faire un choix. Et pourtant je l'ai fait.

La vie est un cadeau dont je ne me lasse pas et peut-être un jour me lancerai-je dans une suite ? Rien n'est sûr… Car, au regard des souvenirs que j'ai choisi de vous livrer, je me dis que ceux ou celles que j'aurais pu également évoquer sont peut-être encore trop ancrés dans mon présent. Et, parfois, je me surprends à croiser les doigts pour que l'amitié et la tendresse qu'ils me témoignent au quotidien ne finissent pas au énième rang des souvenirs. Superstitieuse ? Et pourquoi pas ?

Au moment de conclure ces quelques pages, il est question que l'on me décore bientôt de la plus haute distinction dans l'ordre des Arts et des Lettres, à savoir celle de commandeur. De quoi prendre enfin la grosse tête ! Et je sais déjà que, ce jour là, je serai très entourée : amis, famille, collègues, célèbres ou inconnus qui ont jalonné mon parcours. Sûr que je vais y aller de ma larme lorsque ma consœur et amie Catherine Lara me remettra ma médaille, en tremblant de trac elle aussi, après le discours qu'elle aura affectueusement concocté pour la circonstance. Cerise-Catherine sur mon gâteau-déco !

Mais, à bien y réfléchir, la récompense suprême, celle qu'aucun pouvoir ne peut conférer à quiconque, ne serait-ce pas d'entendre le public fredonner avec moi : *Je suis mala… DE* ?

Ne serait-ce pas cette bouffée de tendresse qui me submerge chaque fois que je retrouve mes deux grands enfants ? Ou le bonheur qu'ils m'ont offert en m'adoubant trois fois du titre de grand-mère ?

Ne serait-ce pas de voir mon cher papa gratter de sa mandoline et danser encore le dimanche malgré ses 93 ans ?

Ne serait-ce pas de lire dans les yeux de mon compagnon tout l'amour qu'il me porte encore après trente ans de vie commune ?

Ne serait-ce pas ces coups de fils des copines qui appellent juste pour me demander : « Comment ça va, toi, aujourd'hui ? »

Ne serait-ce pas cette dame, lors d'un salon du livre, qui se précipite vers moi les larmes aux yeux en me disant : « Oh, madame Dona, quelle joie de vous revoir, j'vous aimais tellement ! » ?

Et ne serait-ce pas surtout de se dire que chaque jour qui passe est une nouvelle cerise sur notre gâteau ?

Remerciements

Dès que j'ai été en âge de parler, mes parents m'ont appris quatre formules magiques, quatre sésames qui ouvrent toutes les portes :

Bonjour – S'il vous plaît – Au revoir – Merci

En couverture, je vous ai dit : « Bonjour ».

À la première page : « S'il vous plaisait de me lire ».

À la dernière : « Au revoir »…

Maintenant, c'est le moment de dire un grand MERCI :

– à vous de m'avoir lue jusqu'au bout…

– à Anne Carrière d'avoir permis à la musicienne que je suis d'écrire une fugue passagère…

– à Annie Lemoine d'avoir su écouter mes petites histoires pour en faire part à Guillaume…

– à Guillaume d'en avoir parlé à Gilles qui en a parlé à Laurent qui en a parlé à Thierry qui en a parlé chez Flammarion… puis à Cédric d'avoir suivi « l'affaire ». Merci à tous d'avoir su attendre que mes cerises soient mûres…

– à Arnaud Février pour le bonjour en photo de couverture…

– à ADP et son Pourpre de Grézette d'avoir permis à Florence Delattre de m'apporter le titre de mon livre sur un plateau… de fruits de mer !

– à tous ceux de Noirmoutier pour les évasions en bateau de l'auteure et les bons produits protéinés de la pêche… Homard ne m'a pas tuée !

– à ceux de la *Rue du Slip* d'avoir nourri mes chers sans abri…

– à tous ceux qui ont accepté mes absences pour cause d'écriture !

– à Lolo pour son amour et sa patience qui n'ont pas de limites.

Et à toutes les autres *Cerises,* de la famille ou des amis fidèles parmi les fidèles, célèbres ou inconnues, absentes dans le livre mais omniprésentes et à jamais dans mon cœur. Je vous aime.

Table

Cet ouvrage a été imprimé
en janvier 2011par

CPi
FIRMIN-DIDOT

27650 Mesnil-sur-l'Estrée
N° d'édition : L.01ELHN000279.N001
N° d'impression : 103276
Dépôt légal : février 2011

Mise en page
PCA
44400 Rezé

Imprimé en France